和平正跨坐在我們的肩上

ငြိမ်းချမ်းရေးက ကျွန်ုပ်တို့ကုပ်ပိုးကို ခွစီးနေ

潘朵拉著

李淑、趙曉惠譯

國立中山大學人文研究中心

和平正跨坐在我們的肩上
潘朵拉著
李淑、趙曉惠譯

國立中山大學人文研究中心出版
80424 臺灣高雄市鼓山區蓮海路 70 號
新王牌印刷事業有限公司承印
80745 臺灣高雄市三民區安東街 163 號

責任編輯 / 黃士豪
封面圖畫、設計 / 馬尼尼為、張錦忠

2022 年 1 月　初版一刷　平裝
開本 138x178（24 開）/ 字數 49277 / 印張 6 / 印數 350

ISBN 978-986-06276-8-8
定價新臺幣 360 元

編印「島與半島文叢」的話

◎高嘉謙（科技部「南向華語與文化傳釋」計畫主持人）

島與半島構成的支點是海洋，是遼闊海域的延伸，是外部空間的探索與渡引，一種回看生命與土地的可能。從臺灣這座蕞爾小島出發，往南望去就是島嶼、羣島、半島，以及海峽、海灣構成的水陸相連的世界。傳統地理名之為南洋，現代地緣政治稱為東南亞。這些透過海域鏈結起來的島與半島，遍布著多元的人種社羣、自然風土與知識脈動。而臺灣是南島語族文化圈的最北端島嶼，在語言或人類學家眼中，甚至可能是南島語族祖先的原鄉。回溯歷史，先民跨海而去，踏足南島，那片南方世界的土地與海水，孕育的風土文明、情思感受，同時註解了島嶼臺灣的前身，過去與現在。

古代航海以針路記錄船隻的導航，那些留下的針經，是紙上羅盤，也是打開對外交通，遠洋航路的必要配備。「島與半島文叢」，始於張錦忠在西子灣的創意。在這座臨海傍山的學術殿堂，中山大學人文研究中心推出這套叢書，有引路和渡引的意義，恰似書海羅盤，為那些寫於島嶼，或島嶼之外，尤其南海以南，那聯結的馬六甲海峽，傳統巫來由海域的世界，生長、扎根於羣島與半島的文學，創造一個在島嶼網絡裏的平台。「島與半島文叢」以文學渡引多重的南方世界，不僅是由島至島，也是島與半島的相連，既能為臺灣的島嶼氣息帶來新鮮空氣，亦是開展跨境的南方文學之路。

此叢書由科技部「南向華語與文化傳釋」計畫贊助出版，為臺灣締造南方文學與知識鏈結，彰顯新南向的人文意義。

序文

大象死去的田邊：潘朵拉的詩與抵抗

◎張錦忠（國立中山大學外文系教授）

近代英文文學裏頭將大象與緬甸牽連在一起的，是《一九八四》與《動物農莊》的作者喬治．歐維爾（George Orwell）。他在英國殖民緬甸時期在緬甸當差，後來寫了《緬甸歲月》（*Burmese Days*），以及隨筆〈射象記〉（"Shooting an Elephant"），那是英文散文著名篇什，寫一個射殺大象的事件。歐維爾寫殖民者目光下的被殖民者，也寫被殖民者眼光中的殖民者。而那頭稻田邊的大象，就在雙重目光交集下漸漸痛苦地死去。〈射象記〉在一九三六年發表，一九四八年，緬甸獨立。但是在超過七十年的歲月，在大象死去的緬甸，民主的白象猶在虛無縹緲的群山雲朵之間，軍政團走馬燈般上台下台，內戰頻仍，種族衝突，政局混亂，社會動盪。經濟不振。而在世人印象中，「緬甸文學」是模糊的陰影，或看不見的存在；不管是英文還是中文翻譯，緬甸文學譯本也不是那麼多。

因此，罕麗姝、廖珮杏、李淑、趙曉惠等譯者可以說居功至偉。罕麗姝除了跟廖珮杏合譯佩特・洛姆 (Petr Lom)、柯琳・馮・艾禾拉特 (Corinne von Egeraat)、欽昂埃 (Khin Aung Aye) 合編的《緬甸詩人的故事書》（*Burma Storybook*，遠流，2018）之外，也譯了努努伊・茵瓦 (Nu Nu Yi [Innwa]) 的小說集《神婆的歡喜生活》（時報文化，2021）。李淑、趙曉惠則翻譯女詩人潘朵拉 (Pandora) 的詩集《和平正跨坐在我們的肩上》，漸漸累積臺灣的當代緬甸文學文庫。

但是讀《和平正跨坐在我們的肩上》，閱讀潘朵拉的詩，並不是愉快的經驗，詩的外延世界也並不那麼和平。在緬甸，戰爭、政變、軍事行動總是一波未平，一波又起。和平跨坐在人民的肩上，目光望向遙遠的遠方，眼前雷聲轟隆作響，日常的蟬鳴已成為記憶。雷響是社會，蟬鳴是詩；這當然是寓喻文學的歷史脈絡的修辭譬喻。詩與政治關係密切，政治是眾人的事，詩人當然可以選擇歌詠自家花園中的花鳥草木，彰顯詩教的溫柔敦厚，把政治趕到議會或街頭。然而詩人也是眾人的一份子，當國事多難，得來不易的民主變成被坦克車輾扁的玫瑰，當憤怒的黎民湧上街頭，當子彈穿過苗堆堆凱 (Mya Twetwet Khaing) 們或鄧家希 (Ma Kyal Sin) 們的身體，這時，詩人盈耳的已非魚鷹關關之聲了。雷響聲中如果還有蟬鳴鳥叫，那是憤怒、沮喪、哀傷、苦澀、無奈之音，而非琴瑟和鳴之樂。這時，潘朵拉選擇當一個抗議詩人，以她的抵抗之詩，在大象死去的緬甸，帶給讀者希望：

彩色的花朵們使盡全力的抬起頭來了。

一眼望去那陽光下
凋零的一枚花苞背後
在苦澀的荊棘叢中
是正在受粉的花海。

（〈苗堆堆凱〉）

因此，對於潘朵拉，我們並不需要問她，詩是甚麼——或不是甚麼。

潘朵拉的詩，首先，是一件「搞不定的衣服」。這件衣服「在冬季時　用來防抗／銳利的狐狸尖叫聲及苦澀寒露的威脅」，彷彿是向世界抗議的道具。她讓詩回到寓言的功能，彷彿把詩放回萬獸園，去抵抗裏頭的狐狸、鱷魚以及豺狼虎豹。衣服已不是日常的衣服，因為寫詩的日常不再。（另一位緬甸詩人昂稱也寫衣服：「穿上衣服／脫下衣服／然後，再穿上衣服／改變挺多的哈」（罕麗姝、廖珮杏譯）。）詩人寫了二十多年的詩，不停的用詩來質問公理與正義何在，用詩來抵抗不公不正，表達憤怒、沮喪、哀傷與無奈。驀然回首，「當了二十年詩人以後」，終於瞭解「你寫的每一段詩／都狠狠地打在你的臉上」。

詩使人痛，因為現實早已充滿暴力苦難，使詩人痛苦不堪。「國家不幸詩家幸」，就像緬甸現代詩庫的譬喻因官方審查而更形豐富，但那種「幸」不要也罷。幸而緬甸人民沒有因政治環境惡劣而冷漠屈服，這個時代的緬甸詩人也沒有因無奈與官檢而失去文學的熱情，儘管「就在你致力於改變這個制度的同時／這個時代已經在許許多多方面改變了你」（〈當了二十年的詩人以後〉）。

其次，對潘朵拉而言，詩是骨頭，但不是橋下水影的骨頭。作為詩的骨頭，要硬，要有「風骨」，才能批評政府、諷刺時政、批判社會。（無獨有偶，高高德 [Ko Ko Thett] 就編有《萬骨啼：當代緬甸十五詩人新詩集》[*Bones Will Crow: 15 Contemporary Burmese Poets*]）。因此，即使「在沒有子彈之地」，詩人也須是神槍手，「不要眨眼，不要打瞌睡／不要錯過最佳時機」，要精準、敏慧地射中時弊要害。緬甸詩人深諳語言、譬喻、象徵、辯證之道，新千禧年之後，後現代詩與「言＝吾＝言詩」(L=A=N=G=U=A=G=E poetry) 在緬甸找到亞洲的迴聲，提供了詩人許多很有創意的反諷語義，許多修辭佈置，乃有潘朵拉的詩句：

> ……又或者以射擊蝸牛的發射器為標題，寫下一首詩的話，是不是該感謝大總統呢？無論如何，我把大總統扯進了夢裏，是濫用他？又或者是濫用了人口走私？　或許不論是蝸牛、還是發射器，都被濫用了？或許　詞彙、詩歌被濫用了？在射擊蝸牛的發射器的射擊之下，我　漂浮著，又驚又奇。　（〈射擊蝸牛的發射器〉）

當然，詩是蝸牛，詩是棗子，詩是蛇，詩甚麼都是，詩甚麼都不是。

潘朵拉曾經留學新加坡近十年 (2001-2010)，也到過愛荷華大學國際寫作坊交流，多番離境返鄉，體驗了離散與歸返的今昔對比以及時代變遷。然而在家國故土，大象經已死去。時間早已不是一九三六年，或一九四八年，雙重目光的投射者不是殖民者與被殖民者，而是軍政府與人民。但是時間其實沒有改變緬甸甚麼。「沒有改變甚麼」才是那個大象死去的環境最大的寫照。那不是一個世代，那是好幾個好幾個世代，壓制、貧窮、苦難、極權不斷的複製。在「這座城市裏」，詩人只能感慨、反諷、寫詩或喝黑咖啡，人們只能上街頭，或者到茶餐室，喝印度拉茶，看報紙，像〈神槍手〉所寫的，「有可能在等待中人生就此默默無聞地結束／可選擇的所剩無幾」。集中的〈這座城市裏〉以歌謠體，頗似一曲傷心酒館之歌。

詩集題名《和平正跨坐在我們的肩上》，流露期待與渴望和平歲月的話語，然而更多時候，人們期待白象而出現坦克車、槍、砲。詩集裏頭充滿戰爭的主題、模題、譬喻、詞彙、典故，處處可見戰爭揮之不去的幽影，或竟已是人民苦澀的日常，「需要時無法終止的　就是戰爭了呢」。詩集的第四輯為「黑咖啡組詩」，其中的〈之二〉即極其傳神地表現了這樣的境況：

在鋒利的刀刃之上
一滴漆黑的黑咖啡

靜靜的等候著
渴望美味的
我舌頭的瞬間一舔

和平的渴望是危險的，因為是在「鋒利的刀刃」上，一舔和平的滋味之際，舌頭可能會被割斷。這個時代的詩也是黑咖啡。

「黑咖啡」是潘朵拉近期詩的「主意象」，以之喻詩的情動者——失戀，失眠，欠闕，不滿，感覺，情緒，身體，咒語，一切不可說、不直接言詮者。一如「我們不直接把黑咖啡／簡單地稱之為黑咖啡」，而「拐彎抹角地講著」，詞與物之間的關係，不是對應，而是變動。詞物指涉不斷變換，就像國家政局一樣，大象早在田邊死去，「這世間唯有黑咖啡而已」，然而那已足以令詩人忙忙碌碌奮鬥不懈了。

二〇二一年十二月七日。高雄

緬甸詩壇的調音師：

論緬甸詩人潘朵拉的詩歌「製造」藝術

◎李淑（譯者）

論及當代緬甸的詩歌創作，一九七四年出生的女詩人潘朵拉，是一位不可忽略的重要人物。以部落格詩人身份出道，詩作被歸類為後現代主義的她，無論是創作歷程或是成名經過，都代表著緬甸詩壇在現代化過程中的重要轉變。在這樣的轉變過程中，作為代表人物的潘朵拉，敏銳地捕捉到了時代的脈動，並成功地以她獨特的詩歌風格，將個體在此轉變歷程中的感受呈現於讀者眼前。閱讀潘朵拉的詩作，不僅有助於我們感受當代緬甸人的思想情感，更能帶領我們一窺當代緬甸詩壇的文學風景。以下，就讓我們從她的創作歷程開始談起。

早慧的文藝少女

詩人潘朵拉生長於緬甸南部的一個小城市——勃生(Pathein)。這個城市是伊洛瓦底江省的首府，該省是緬甸著名的魚米之鄉，比較可惜的是，該地的富饒並沒有特別表現在文學方面。潘朵拉的父親是勃生的一名教師，喜愛詩歌和文學，年輕時也寫過幾年詩，成家以後在家裏開了一間租書店，收藏著許多文學方面的書籍。在書堆裏長大的潘朵拉，在父親的耳濡目染之下，十三歲就開始學習寫詩，並且在校際的詩歌比賽裏，獲得過不少佳績。

小詩人潘朵拉早期的詩作，是講究格律的四言詩。這種詩歌體式，自二十世紀初就成為緬甸詩壇的主流，流行超過半個多世紀。雖然在一九七〇年代，已經有一些詩人嘗試創作擺脫韻律束縛的現代詩，但還沒有廣泛得到肯定。隨著小潘朵拉的成長，現代詩會慢慢入主緬甸詩壇，被愈來愈多的報章雜誌刊載，獲得愈來愈多讀者的認可。到了一九九三年，潘朵拉考上大學的時候，現代詩在詩壇的風行程度，早已超越了四言詩，學院裏的年輕創作者幾乎沒有人在講究格律了。

增廣見聞的大學生涯

潘朵拉所考上的大學，是緬甸的第一學府仰光大學。創建於一九二〇年的仰光大學，是緬甸近現代詩歌變革的搖籃。最早將緬甸詩歌從題材固定、格式嚴謹的古典主義解放出來，改以韻律較為鬆散的四言詩進行創作的緬甸「實驗文學」雙傑

——佐基 (Zaw Gyi, 1907-1990) 和敏杜溫 (Min Thu Wun, 1909-2004)，就是在仰光大學就讀期間開啟了他們的詩歌改革事業。在現代詩開始主導詩壇之後，譯介大量後現代文學理論，特別是源自美國的語言派詩學觀念，讓緬甸的詩歌創作再次發生重大轉變的當代詩人颯雅林[1]，一九九〇年代時也曾經任教於仰光大學英語系。

文藝氣息濃厚的仰光大學，深深地吸引著進入英語系就讀的潘朵拉。在這裏，她接觸到了許多歐美的文學流派，閱讀了許多優秀的詩歌作品，並交到了不少同樣喜歡寫詩的朋友。唯一遺憾的是，就在她入學的那一年，那位後來被她視為師長，對她的創作風格產生巨大影響的颯雅林老師，卻剛好被調至他校。所以她要等到二〇〇〇年就讀研究所的時候，才開始接觸到颯雅林的詩作，以及他所致力推廣的後現代主義詩歌理論。

大學時期的潘朵拉開始嘗試現代詩的創作，作品曾被選入校刊刊載。但礙於學業上的壓力，她這時期創作的作品並不算多。潘朵拉的大學生活因為學校常常被關閉的緣故[2]，持續了六年之久。二〇〇〇年，潘朵拉考上仰光大學的英語研究所，結交到更多同樣喜歡寫詩的同學，他們常常聚在一起分享自己讀到的詩，以及自己的最新創作。二〇〇一年，潘朵拉和她的研究所同學一起聯合出版了一本屬於他們自己的校園詩集——《夢想

1　又譯作颯雅・林恩。

2　自一九八八年的八八學運以後，緬甸的軍政府就十分忌諱大學裏的學生團體，並努力打壓任何形式的學生運動。在一九九〇年代，為了禁止學生聚集，軍政府時常下令大學長期關閉。

的線索》。當時的潘朵拉恐怕沒有想到，在這本詩集之後，她要再等上十九年，第一本真正屬於她個人的詩集才會正式出版面世。

起源於網路的創作契機

二〇〇一年，潘朵拉獲得了赴新加坡國立大學公共政策學院就讀的獎學金，開啟了她接近十年的留新生涯。在新加坡的忙碌生活，讓潘朵拉的創作陷入了長時期的停頓。直到二〇〇七年，她開始使用部落格，看到部落格上遍地開花的文學創作以後，才重新拾起了自己的創作夢。

二十一世紀初，網際網路開始進入緬甸。在軍政府的獨裁統治下長期處於封閉狀態的緬甸，因為網際網路的出現，產生了巨大的改變。網際網路在文學創作方面產生的重要影響，便是讓緬甸的創作者找到了一個他們嚮往已久的，可以逃離政府嚴厲審查的自由創作空間。這個可以完全依照自己的意願發表作品的線上空間，包容了許多不受主流文壇接納，難以登載於平面媒體的各種文學理論和文類，詩人颯雅林所推廣的語言派詩學觀及相關詩作，由此增加了許多曝光的機會，迅速吸引了大批年輕詩人的跟風創作。

在潘朵拉開始使用部落格的時候，重視詩歌語言及詩歌形式之創新的語言派詩作，已經風靡於緬甸各大文學部落格。在此情境下，一直持續關注著颯雅林及其詩作的潘朵拉，選擇加入這些創作者之中，是很自然的事。憑藉著自己對語言的敏銳天賦，潘朵拉的詩作很快便得到了許多讀者的關注。這些關注鼓舞潘朵拉創作出越來越多的作品，但這些作品除了發表於網路上之外，她從來沒有想過要投稿到緬甸的任何媒體。不想投稿的主要原因，不是因為她人不在緬甸，而是因為在審查制度的嚴格檢視下，她覺得自己的作品會遭遇到被人修改或刪除的命運。另一方面，對於潘朵拉而言，在政府審查不到的網路空間進行創作，本身就具有一種抵抗政府的意味。不願意投稿讓自己的作品接受軍政府的審查，在某種程度上也是她對這份抵抗性質的維護。

嶄露鋒芒的海歸生活

潘朵拉的作品直到二〇一〇年以後，才開始刊載於緬甸的平面媒體。這一年九月，潘朵拉從新加坡回到緬甸，親歷了二十年來首次舉辦的緬甸總統選舉。這一次的選舉雖然有許多爭議，但新政府上台以後，緬甸的政治及社會環境，的確發生了不少改變。其中最受人關注的改變之一，是二〇一二年開始逐步進行廢除的審查制度。同時在二〇一二年，潘朵拉編輯並出版了緬甸第一本女性詩人詩歌選集《調音》，該詩集共輯錄了三十五位當代緬甸女性詩人的九十八首詩作，為長期被緬甸詩壇忽視的女性詩人奏響了專屬於她們的詩歌進行曲。

二〇一二年對潘朵拉來說是忙碌且收穫滿滿的一年。不僅《調音》的出版受到整個緬甸文壇的矚目，她的若干作品也被譯成英文，收入美國出版的《骨堆終將發鳴嘶：十五位當代緬甸詩人》(*Bones Will Crow: 15 Contemporary Burmese Poets*) 之中，增加了被英語語系的讀者認識的機會。這一年她還獲得參與「愛荷華國際寫作計畫」的機會，到美國進行了三個月的交流訪問活動。由於她亮眼的詩歌創作和編輯創舉，隔年年初，她還被緬甸最大的英文報刊《緬甸時報》(*The Myanmar Times*)評選為「二〇一二年最傑出的五十位女性」之一。

自二〇一二年以後，潘朵拉的詩作開始廣見於緬甸的各類當代詩選集中。在這些詩集中，還可以注意到的一個現象是，和她一樣致力於詩歌語言的實驗和創新的語言派詩作，已經佔據了詩集中的大量篇幅。這樣的現象表明潘朵拉所代表的語言詩派，開始成為緬甸當代詩壇的主流，受到讀者的廣泛認可與肯定。但令人錯愕的是，在當代緬甸詩壇已經逐漸體現出後現代化特色的時候，由官方主持的緬甸國家文學獎，卻仍然將格律嚴謹，題材固定的古典詩歌，視為評選國家文學獎之詩歌獎的唯一標準。此一不合時宜的評選制度，雖然一直遭受到大部分緬甸詩人的批評，但一直到二〇一六年翁山蘇姬領導的民選政府上台之後，這些詩人的聲音才被官方認真聽取。二〇一七年，緬甸國家文學獎宣布，此後詩歌獎的評選將不再限於古典詩歌，並將當年頒發的「二〇一六年緬甸國家文學獎之詩歌獎」，第一次頒給了現代詩集。自此以後，直到二〇二一年緬甸發生政變以前，緬甸國家文學獎的獲獎詩集中，再也沒有出現過古典詩集的蹤影。

出版第一本個人詩集

二〇一九年，成名已久的潘朵拉，終於出版了她的第一本個人詩集《射擊蝸牛的發射器》。這本薄薄的詩集收錄了她二〇一一年以後創作的三十五首詩作，可以說是她歷年作品中的精選。詩人颯雅林評價潘朵拉的這些詩作「展示了語言、思想和想像力的工作方式」，而不是直接書寫出詩人的個人感受、感想和情緒。誠如颯雅林所言，在潘朵拉的作品裏，詩歌的語言，永遠是最被突出的關鍵部分。為了讓語言成為詩歌表現的中心，潘朵拉往往在作品中打破許多語言使用的常規，不斷翻新人們日常規範、論述語言的各種規則。譬如她在〈混凝土首都〉中用「整整齊齊、方方正正、高貴典雅」來修飾「那些長長的街道」，將「巴利文」與「結晶體」兩個毫不相干的名詞結合為一，以「具體的 外形上 有精確的 厚度 寬度」形容首都，都打破了我們所熟悉的說話方式，讓我們讀來產生一種奇異的感受。透過這樣的方式，潘朵拉的詩歌帶領我們再次感受到，作者在面對一座由混凝土建築而成的首都時，所感受到的奇異衝擊。這種讓讀者透過對語言本身的體驗，感受詩歌內容的方式，一直都是語言詩派特別強調的創作重點。

興起於一九七〇年代美國的語言詩派，是後現代主義語境中的產物。該學派的出現與當時的反戰思潮，有著很密切的關係。在時代環境和社會背景的影響下，語言詩派的詩人表現出很強烈的政治及社會意識，大部分作者都嘗試透過詩歌，來反抗政治及權力。因此有論者認為，該派的詩歌美學觀，其實就是他們的政治美學觀念。[3] 承襲了該學派詩歌美學的潘朵拉，其作品同樣表現出作者對政治社會的強烈關注。事實上，身處在第三世界的緬甸詩人，之所以能夠對發源於後現代主義語境的語言詩派產生認同，正因為他們和美國的語言詩派詩人那樣，都試

3 林玉鵬，〈伯恩斯坦與美國語言詩的詩學觀〉，《外國文學研究》二〇〇七年第二期，頁二十四。

圖把詩歌當作批判政治社會的武器。而語言詩派所提倡的那種打破常規的詩歌語言，也恰好能讓緬甸詩人，在審查制度取消以前，順利避開官方的審查，成功地發表那些「政治不正確」的作品。

收錄在《射擊蝸牛的發射器》中的詩作，有不少反映時事的作品。例如〈混凝土首都〉一詩，很明顯是在諷刺軍政府在建立當今緬甸首都—內比都時，其實是在將自己比擬為古代國王，然而所建立出來的都城卻彷彿一座鬼城，沒有一絲活人的氣息。又如〈據說新年夜裏鳥兒們在生氣（一隻豬的陳述）〉描繪出緬甸各民族間相互仇恨，至今內戰頻仍的現狀；〈在沒有子彈之地〉、〈和平正跨坐在你的肩上〉等詩，對軍方以暴制暴的政策提出了批判；〈射擊蝸牛的發射器〉一詩，則對政府在處置人口販運問題時的態度，提出了質疑。

深知自己的作品很容易令當權者產生不滿的潘朵拉，選擇在審查制度取消，緬甸的政治局勢也發生了翻天覆地的改變之後，才出版個人詩集，確實是一個明智之舉。因為不願意接受審查，而長期不向緬甸的平面媒體投稿的潘朵拉，願意在二〇一九年出版自己的詩作，可見她對當時已經獲得開放的言論自由，具有一定的信心。可是面對如此得來不易的自由，潘朵拉難免還是有點小心翼翼。她曾經在一個採訪中引用了別人的話，說出「我們現在自由了，但不確定我們是否安全」的隱憂。[4]

---

4 參見佩特・洛姆、柯琳・馮・艾禾拉特、欽昂埃編；罕麗姝、廖珮杏譯，《緬甸詩人的故事書》（臺北：遠流，二〇一八），頁八十九。

榮獲國家文學獎之詩歌獎

生活在一個可能因為言論而危害到個人生命安全的政治環境中，當潘朵拉得知自己的詩集《射擊蝸牛的發射器》榮獲「二〇一九年緬甸國家文學獎之詩歌獎」時，內心既有幾分喜悅，也有幾分訝異。畢竟在此之前，尚未有任何創作後現代主義詩歌的詩人獲得過這個獎項，潘朵拉可謂是榮獲該獎項肯定的第一位後現代主義詩人。

在獲獎後接受的一次訪談中，潘朵拉言及自己的獲獎詩集，認為其中的作品，反映了個人對時代變化的知覺感受。這些作品的種種表現形式，例如不分段的散文詩（〈芝加哥〉、〈射擊蝸牛的發射器〉等）、模擬對話形式的分段詩作（〈對話〉）等，都是當代詩歌創作者經常使用的詩歌形式。她認為自己的詩作之所以得到肯定，只因為這些作品剛好反映了一個時代思潮而已。

本書所收詩作

潘朵拉的詩作時常以打破語言常規的方式，讓讀者對語言產生一種全新的體驗，從而創作出一種具有「陌異化」語感的詩歌語言。而她對語言常規的突破，不僅表現在語法上面，同時也表現在語音上面。然而由於翻譯的困難，《射擊蝸牛的發射器》一書中那些藉由語音的變化而產生詩意的詩歌作品，我們都沒有收錄到本書之中。另一方面，由於《射擊蝸牛的發射器》中所收錄的詩作，僅限於作者自二〇一一年到二〇一八年之間創作的部分詩作，為了能夠讓臺灣的讀者綜覽潘朵拉歷年的創作風貌，我們也選譯了作者並未收錄於詩集中的其他作品。這些詩作或長或短，風格各異，希望能夠藉此讓讀者對潘朵拉總體的創作歷程有一個較為全面的認識。

二〇一九年，除了出版《射擊蝸牛的發射器》之外，潘朵拉還出版了另一本集結了她的兩組組詩〈三十一種形式的集合〉及〈黑咖啡〉的詩集《三十一種形式的集合與黑咖啡》。本書選譯了其中的一組〈黑咖啡〉，藉以展現出潘所創作的組詩風格。

依據潘朵拉的創作歷程及生命經驗，本書將她的作品劃分為「心繫家國的留新歲月」、「初歸故土的有志青年」、「當了十餘年的詩人以後」和「組詩」四個單元。在「心繫家國的留新歲月」裏，收錄了作者自二〇〇七年到二〇一〇年九月居住於新加坡時期的詩歌創作。這些詩作或充滿懷舊的鄉思（如〈半熟不熟的兄弟〉、〈季節頌〉等），或聚焦於緬甸所發生的政治時事（如〈口占詩〉、〈我買了之後尚未吃的一片麵包之傲慢〉等），都流露出一個身居異國他鄉的遊子，對故國家園的關懷與思念。在第二個單元「初歸故土的有志青年」之中，我們收錄了作者自二〇一〇年九月至二〇一五年底之間的詩作，從中可以看到詩人回到緬甸以後，歷經緬甸政治改革後所產生的一系列政治局勢與社會風氣的變化，對於國內的政治與社會現象，所發出的深沉批判與反思。潘朵拉這一時期的創作，多展現出犀利、尖銳的諷刺風格，如〈混凝土首都〉、〈一顆酸葡萄（母）的備註〉等，並顯示出她對和平的熱切渴望與追尋，如〈在沒有子彈之地〉、〈和平正跨坐在你的肩上〉等。

二〇一六年是緬甸歷史上極為重要的一年。在經歷了軍政府六十餘年的獨裁統治之後，緬甸第一次由非軍方背景的文人政府主政，絕大多數的緬甸人都對此感到非常興奮。在翁山蘇姬領導的文人政府主政的這些年，或是由於政治局勢的正向改變，又或是由於詩人本身的年齡增長，潘朵拉的作品開始由針砭時弊轉向對個人生命意義的探尋，以及對萬事萬物的抽象凝思。她這時期的創作，如〈手術〉、〈水的秘密〉等，都展現出此前少有的哲理思辯風格。潘朵拉在二〇一八年的一次採訪中也曾經提到，她後期的創作少了一些對外在的索求，多了幾分對內在的探詢。鑒於潘朵拉詩歌風格的如此轉變，我們將她二〇一六以後的創作都歸入了「當了十餘年的詩人以後」這個單元。至於本書的第四個單元「組詩」，則是單純就作品形式與其他詩作進行了區隔。

譯介緬甸詩歌的「無用之用」

在國外接受過現代化的高等教育，歸國後一直生活在努力追求現代化的緬甸最大都市——仰光的潘朵拉，她那些被歸類為後現代主義的詩歌創作，是西方的現代化思想，與發展中國家的現實生活相互碰撞而產生的亮眼火花。透過這些絢麗多彩的火花，我們希望讀者可以深切體會到潘朵拉對於這個世界的種種感受，進而看到一個緬甸人眼中的緬甸全貌，或有助於大家對於緬甸這個國度有更深刻的認識。

論及緬甸詩歌在臺灣的譯介，臺灣當代詩人羅浩原曾經在〈何不來讀緬甸詩？臺灣「新南向」早應被關注的「無用之用」〉[5]中提到，他認為閱讀緬甸詩歌，可以幫助臺灣讀者建立對於緬甸的「同情的瞭解」。他認為：

詩歌其實反映出一個民族的思維方式。在全球化的時代，要想創立品牌，將產品與服務行銷到另一個國度，瞭解一個民族的思維方式其實非常關鍵，這看似抽象的問題其實非常根本，會廣泛地連結到產品如何設計、如何廣告行銷等各種「有用」的問題。

我對羅先生的論述深以為然，因此特選這段話作為本篇文章的終結。

二〇二一年四月二十一日作於緬甸仰光。時緬甸適逢政變，如潘朵拉之後現代詩作，或再無榮獲國家文學獎之機遇也

5　參見羅浩原，〈何不來讀緬甸詩？臺灣「新南向」早應被關注的「無用之用」〉(https://www.cna.com.tw/culture/article/20180610w001)，刊載日期為二〇一八年六月十日，筆者最後檢索日期為二〇二一年四月二十四日。

目　次

貳、初歸故土的有志青年

參、當了十餘年的詩人後

肆、組詩

潘朵拉近影（Thomas Langdon 攝）

壹、心繫家國的留新歲月

我搞不定的這件衣服[1]

就是一件衣服而已
我幸福愉悅的穿它
思思念念的穿它快把縫線都穿破
就像哥哥穿過的　西裝衣服那般
就這件衣服　在冬季時　用來防抗
銳利的狐狸尖叫聲及苦澀寒露的威脅
當一些麵包餿掉時
文明人士們的　放蕩不羈的晚宴裏　它就是簾子囉
在右手邊還是左手邊呢　記不起來了
我的衣服上有唯一的一個口袋
這小子企圖把整個世界囚禁在這個口袋裏

一回兒洗、一回兒熨的
該折出摺痕時就折
因為頻繁的變更顏色花色
使得我所擁有的成了擁有我者
喲……我還豎起了領子[2]
還會跟風追求時髦呀　甚麼呀的
說起來　這衣服很可能是用詞彙組成的
當詞彙們有點難時
難的詞也就混在一起了[3]
齁　難道不難嗎
只有這一點
當我的衣服習慣我之後
它反而做起評論來了

說我是個溫文儒雅且不老實的人呢。

二〇〇七年五月三十一日

1 譯註：緬文「ပိုင်」為雙關語，可解釋為擁有權之外，也可以解讀為搞定某人、某件事。

2 譯註：「豎起領子」在緬甸語中常用來形容驕傲、得意、自我感覺良好。

3 譯註：原著「စကားပိုးထွေးထွေး စကားထွေးပိုးထွေး」這句子中「ပိုး」這個字在前句中是單位「個」的意思，例如一個字、兩個字，但在後者中的意思是指混合、混雜在一起。

半熟不熟的兄弟

已經過了十多年之久
我又回到了小時候的小山坡，我和我的哥
常常從這個山坡翻滾下去過
我喜歡烏龜、刺蝟和穿山甲
那時哥就是我堅硬的外殼
每當從山坡往下滾落
以疼痛和骯髒換來了
令內心發涼的刺激
回到家後等待著開飯的母親
只修理哥時
我迅速的抓起了一本書

就這樣
哥繼續成為我的殼
哥擁護我
我擁護我的自私
我的自私則
對所謂的地球的未來含含糊糊的擁護著
地球的禮物，土地、水和樹木們則是
實實在在地擁護著哥的經濟
十多年後
擁抱我的哥的雙手
比起在國際場合上禮貌地握過的好多雙手
更加粗礪
那個下午風呼呼地吹著

因為等候開飯的母親已經不在了
所以兄弟倆在山坡上坐了好久
華麗的服飾　柔軟的殼下的我
沒有從山坡翻滾下去。

二〇〇七年七月四日

我的風箏

我到不了的天空
與我相隔一絲線的
我的風箏卻到達了
真高興……

順著風向轉動線軸
塗著玻璃粉的風箏線
你割我割的互相爭鬥
真高興……

觀賞型的風箏　給它放生

無論風向如何，不要傷害他們的
掌控權就在我手中
真高興……

放得正起勁時
偏偏在我的天空裏
為何要下起了雨呢……？

二〇〇七年七月十五日

這座城市裏

（一）

不快樂
就如……拜倫式的憂鬱[1]
最近的是黑漆漆一片
還能看到甚麼呢
為了遠視
沒能力買一副眼鏡
只能一杯又一杯的喝下
那些磚紅色[2]
於一個背包量的嘆息中
小矮桌子們[3]　成了扁平的代罪羔羊

跟隨著那些稀疏的鬍鬚
漫無目的的
拖曳著行走的大馬路　它感到羞愧中。

（二）
為了溫飽
已經到山窮水盡的地步
一再的抬頭仰望　仰望到頸部僵硬
適合穿著出席某些場合的
僅有的一件泛黃白色衣服
為了晚餐得考慮該不該燒掉它
唁　該如何繼續下去呢
所謂的信念

在匱乏「明天」這個詞的區域
是無法生存的
那些傢伙也是痴痴呆呆的
背包內所剩下的銅板
叮叮噹噹的從桌子上跌落
沒有人起身撿起
就在這時刻一輛車呼嘯而過
揚起了滾滾塵土
塵土中夾雜著垃圾
溶入了磚紅色中
濃濃稠稠的
一口氣給它喝到了胸口。

（三）

日頭越來越高
各自離開店[4]後
被海市蜃樓迷惑了
不知怎麼的
磚紅色清澈了
映出閃爍的金黃色
馬路它搖搖晃晃的跟隨著
就在那兒
我們這羣中的部分人
把看到的信天翁
立刻射了下來
信天翁　信天翁

牠的影子　清晰的留在那兒
信天翁　信天翁
牠的影子　清晰的留在那兒
信天翁　信天翁
牠的影子　清晰的留在那兒
信天翁　信天翁
因為我們的衝動
詛咒降臨　血流成河了。

（四）
一起分享著
喝那鹹鹹淚水的人們
是同袍

過去就讓它留在過去吧
既然要渡海
那就得有能耐忍受海的吻
理論上是正確的
實際上是行不通的
如果是這樣　我們對過
如果是這樣　我們錯過
驚慌失措的一張黑膠唱片
一瞬間出現了裂痕

（五）
大家一起繼續前行
把腐爛的信天翁屍體

掛在脖子上的傢伙們也在其中
拖曳著的大馬路它緩步慢行的跟隨著
某處轉角趁我們稍微鬆懈的瞬間
大馬路它把我們
當作一顆小石子
殘暴無情的踢了出去
磚紅色溢出傾了出來
事先沒人預想得到
磚紅色污染了弄髒了的這條大馬路
會變得潑辣可惡
當撞牆撞到胸悶胸痛之際卻
惆悵的渴望著一副眼鏡。

（六）

不快樂
拜倫式的憂鬱
泛黃的衣服已經片片撕碎
精神恍惚了
據說赤裸裸的人生是可恥的
或許灰塵能帶來安全的遮蔽
有些人就翻翻滾滾的把它穿了起來
黑　暗　玷　污
彼此之間
互相認不出來了
彼此快要互相抓扯起來
已經聽到齜牙咧嘴的低吼聲

暗磚紅色的雨呀
來遮蔽籠罩住吧
快下呀
快下呀
快下來吧。

（七）
暗磚紅色的雨　是罕見的
為了自行調製出來
敲碎紅磚時
有些掉落灑出
喂　喂
別講太多話　累著呢

喂　喂
不久就會到來了
喂　喂
堅持住啊
喂　喂
許多我們該做的　尚未完成還懸在那呢
喂　喂
對不起　在這一刻　就別把這些放在腦裏喔
喂　喂
聽到我在講的嗎？
喂　喂
喂　喂
喂　喂

……
……
你這傢伙呀……。

（八）
暴風剛結束
天空好像若無其事的
已經喝了一生的
暗磚紅色呀
楚楚可憐死氣沉沉的等待著
人到齊了嗎　杯子齊了嗎
吼！如果那傢伙們在的話
無人回應

哽
噎
……
由丟在小矮桌上的
背包中
發出一聲　叮噹聲
下次我們再來光顧這間店時
會剩下幾個人呢……
漫無目的的正在發呆時
隱隱約約看到
那滾滾塵土中
隨大馬路的波浪而來的
信天翁……。[5]

二〇〇七年八月十七日至
九月二日

1　譯註：哲學家伯特蘭・羅素(Bertrand Russell)的Byronic Unhappiness。
2　譯註：指緬甸國民飲品印度拉茶。
3　譯註：在低度就業的緬甸社會裏，到茶室與友人談天說地是男性的生活日常。木製矮桌子和矮凳子為傳統茶室的標準配置。
4　譯註：詩中的「店」指賣印度拉茶、印度煎餅和烤餅等各式傳統小點心的茶室。
5　譯註：作者受到〈老水手之歌〉／〈古舟子詠〉("The Rime of Ancient

Mariner")的啟發，把緬甸多數的知識分子等不到機會發揮自己的長才，人生大部分時間只能耗在茶室裏卑微度過一生的悲劇人生用敘事詩描述出來。

當了二十年的詩人以後

你的詩
已經不再像詩　知道嗎？

你看到樹葉搖擺時
你卻聲稱：搖一葉則痛一枝
樹的怒氣能使風暴匍匐。

你看到樹葉搖擺時
你卻論定：冬季颳起的西南惡風讓
季節已經開始垂頭往下了。

你看到樹葉搖擺時
你會搖搖頭咬牙切齒地說：
因為水土不合，品種不佳
時機未到即將凋零的嫩葉啊！

你看到樹葉搖擺時
你會抱怨嘀咕：被陽光親吻的一條綠光
被小鳥的足跡穿越了。

你看到樹葉搖擺時
你會無理的仔細盤問前因後果
到底是因為風吹，所以樹葉擺動？
還是因為樹葉擺動，所以風吹了？

你看到樹葉搖擺時
你會冷靜地說：此乃季節本質，因狂風而有所搖擺
是很自然的事。

當樹葉的搖擺，已無法讓你天真地歡笑時[1]
你已不再是二十年前的你了
就在你致力於改變這個制度的同時
這個時代已經在許許多多方面改變了你。

你是恐怖分子
你是環境保護者
你是政治評論員

你是印象主義者
你是存在主義者
你是無神論者。

你寫的每一段詩
都狠狠地打在你的臉上。

二〇〇七年十月二十五日

1　譯註：緬文中有一句諺語「看到樹葉搖擺也會歡笑的年齡」指青春期的小女孩活潑單純、天真無邪，也可以用這句話來形容少女。

季節頌

就這樣囉……
關於水　關於土
關於雨　關於風
關於森林　關於山

沒有猴子的吱吱唧唧和孔雀的嗷鳴[1]
黃黃的水仙們也不再飄飄曼舞
收穫季節的稻草堆
一望無際的場景已經是遙不可及
為了善盡社交禮儀的雲層
盡其所能稀稀疏疏的下了一點點

只能有這樣烏雲籠罩的無數個明天之際。

被巫術困住的
此時此地之間
一間沒有窗戶的小房間
一些皺巴巴的衣物
一罐風乾的消化丸[2]
一隻翻肚的死蟑螂
一堆翻倒在牀上的書本
一台鍵盤鬆弛的電腦
對這山這水的多少相思
對這風這雨[3]的多少無奈以及
忽而往東忽而往西的思緒呀……。

二〇〇七年十月卅日

1　譯註：「猴子的吱吱唧唧孔雀的嗷嗚」來自釋瑪哈剌塔撻亞（ရှင်မဟာရဋ္ဌသာရ）所寫的《瑞社多踏青頌》（ရွှေစက်တော်တောလား），該作品為四字押韻的長篇詩體（ပျို့），歌詠當時森林茂密的美景，各種動物平靜的生活在自然又美麗的環境中。如今緬甸的森林被過度砍伐，當年樹木茂密的自然生態環境不復存在，而生態環境被破壞後造成的極端氣候導致每年的雨季就出現洪水氾濫的災害。

2　譯註：以緬甸傳統草藥處方製作的消化丸、消化散為多數緬甸家庭必備的成藥。飯後吃消化丸或是舔一點消化散是多數緬甸人民的日常生活習慣。

3　譯註：引用了殖民末期地下抗日組織領導人，同時也是一位作家的仰光巴綏（ရန်ကုန်ဘဆွေ）的名言。

森林旅途

因為這座森林
心累啊……
是獵人？　是獵物？
朦朦朧朧的混淆在心

精神混亂
乾枯時就給它枯了
寧靜的池水與平靜的花兒
在遠方引誘著
絆倒了　流血了
崎嶇的道路艱難　中毒了。

幽深的夜
閃爍的眼
野獸的咆哮聲
回音不斷
別去回應　嗯……
注意陷阱
牢牢抓住狩獵架
森林充滿著陰謀詭計
因為是女流之輩
軟弱無助……的。
看不到腳印

累得喘吁吁
蹣跚的步履
抵達哪一站
又走上哪一條道路呢
那座山　那片沙洲
想著　盼著　令人窒息。

這座森林
好難
有時是獵物　有時是獵人
在獵捕的是命運。

二〇〇七年十一月十日

小幼苗

我和小毛
在愉悅的清晨無聊出去走走
把小毛對著尖聲吠叫
長在路邊的茁壯小幼苗
拔起帶回來
在庭院通風之處
我把小幼苗種下去時
小毛搖著尾巴在附近徘徊
我不知道這株幼苗是何種植物
如果是株芒果呢
在青芒果掉落的季節

小毛和我可以扔它玩
芒果成熟時呢
也得叫小毛嚐嚐看。
也可能是株圓圓的榕樹呢
如果是這樣呢　大白天時
我就和小毛一起窩在樹陰下睡囉
還可以釘一個小牀架[1]
如果小毛要在小牀架上睡呢
我會讓給牠的
會不會是株合歡呢
在長長的合歡豆莢　掉落的季節
小毛在那裏翻滾玩耍的話
樹脂將會把牠白白淨淨的毛弄髒

如果是株香欖樹呢
每當我早起撿拾香欖花時[2]
我猜小毛可能會過來把地面攪亂吧
小幼苗
種下去了
那一晚
小毛好像很高興
咿咿的哼個不停的撒嬌
好不容易哄牠入睡
第二天睡過頭了
洗完臉後立刻跑到庭院
一看　那小幼苗消失了
全部亂糟糟的

只剩下剛出現的一小堆鬆軟的土
輕輕挖開一看　是一小根牛骨頭。

二〇〇七年十二月二十四日

1　譯註：緬文「ကွပ်ပျစ်」為用竹片或是木板釘做的傳統牀架。當地人民習慣把它擺在庭院樹陰下用來乘涼、小睡或是和親友坐在那牀架上聊天。有些貧窮人家中ကွပ်ပျစ်可能是他們唯一家具，白天當客廳使用，晚上就是睡覺的牀。

2　譯註：緬甸女性喜歡在髮髻上配上花朵或是把花串纏繞在髮髻上，茉莉花和香欖花為最普遍被用來串成花串的花類。

紙船

小紙船
靠過來了。

無槳無人划
唯有風吹時
流水拍打而過時
才得以哭泣著往前行。

小船上
鋪滿了
彩色鮮花

含苞的待放的
未能說出口的話
未能許下的誓言嗎？

全部寫下來之後
將一切希望
摺疊藏匿
作成小小紙船
讓它漂流出來的嗎？

生物細菌　瘟疫
商業競爭　烽火戰事
新奇的技術　新奇的武器

將它們運送到遠離世界之處
青年們的夢想
在半途中
溢滿掉灑
全部翻落了嗎？

那些不滿
那些不成功
那些心理壓力
那些短暫的歡樂
浸濕了腹部
越動越沉
尚未抵達海洋之前

就要在溪邊的泥灘擱淺了嗎？

疲倦啊……
即便成了一艘
傍晚時
乘著涼風
以一籃花和紅、黃水果
圍成藩籬的湛藍水池中的
觀賞用小船也無妨了吧。

這個港
沒抓住它
小紙船

緩緩地
繼續漂流著。

二〇〇八年一月十八日

約翰　我隨著甜美的紅酒河漂泊了（一）

據說我的紅酒尚未熟成
還在水果的階段
我的思想也是
依舊在水果的境界
對在陽光下跳躍者們而言
真正忠誠的
則在地下室
在橡木桶中
越久越醇
不要折封口……嘔……必須不超出界線[1]
能讓我全盤托出我想說的潤滑油[2]

就浮在這小小的紅酒中
隨往漂向全世界吧
清晨時還在傲慢自大
還說甚麼全球挑戰之類的
閱讀了一些報告之類
沒有比去年好
遇到了災難　困局　瘟疫
事情發生了　官司纏身了　人間亂世
如果把這支瓶子敲破它
價值可是五萬塊緬幣呢
足夠供一週的伙食給
一戶貧困的家庭
豪華酒吧外

正在窺視的好多雙圓圓的眼睛
多少孩童的肚子是空空的
還有哭泣聲啜泣聲
你有在意過嗎　約翰
大膽的吞下去吧
正在著火的這個世界裏
油燈們三不五時竄起了火苗
沒甚麼大不了的啦
就像咀嚼特辣的辣椒一樣吧
苦澀又粗礪
死亡　哭嚎　哀嚎
是真人演出的實境秀
這樣的五感恰好是我們渴望的

就細細嚼吧　約翰
無法解饞的多少個人生
把頭浸入紅酒杯中也好
把頭栽進網路也罷
把頭丟進媒體中也行
任誰作威作福
我們依然是公平正義的
吼……據說股價在波動了
有炸彈爆炸
有部落客被抓走了
藍波的電影真血腥
據說已經做好最壞的打算了
年老年邁者們接近死亡了

這……都不是新聞了吧
晚餐準備好了　約翰
把所有的夢通通調進
這只紅酒杯中
拿全球化的
老本配酒品嚐
在不對稱的戰爭中
甚麼事情都可能發生呢
當恐怖攻擊這句話已成了
賣油女子的破擦手巾時
我的個人簡介也可以隨便寫了
也許會死亡　也許會贏
留下活著的輸家

這些呢是給死亡者們的
給贏者們的
給布托的
給蘇哈多的
給歐巴馬的
給莎拉波娃的
給沒有我的那些世界的
Good luck! Good luck! All the best!
酒醉露本性　把洋話給講出來了
政治不正確的話給它講出來了
這條紅酒河呢……一直流動著
醉著　扯著　醉著　扯著　醉著　扯……著
對了……約翰

下次當我看到樹葉們在擺動時[3]
一定會給它笑出來呢……

二〇〇八年二月九日

1 譯註：緬文「界線」（စည်း）的發音與英文「封口」(seal) 相同。

2 譯註：潤滑油來自"Alcohol is social lubricant."的說法。

3 譯註：「看到樹葉們在擺動時會覺得想笑」（သစ်ရွက်လှုပ်တာမြင်ရင် ရယ်ချင်တယ်）意指不夠成熟的青春期少女，活潑單純天真無邪，也可以用這句話來形容年輕的女子。

頭

刺刺的
有如被一窩螞蟻叮咬

轟隆轟隆的
有如百萬大軍與
鼓號樂隊在遊行
每當心臟　跳動一次
混混噩噩　麻木僵硬

母親生的時候是
白淨淨的精髓

出世之後長了紅腦黑腦[1]
這兒轉那兒繞的　形成全新的頭
（對某些人而言）
即便內部是一片空
要統治五千萬人口稱王[2]
則是輕而易舉的……。

因為不守戒　肚子不飽[3]
因為這個肚子[4]無力改善所以
這顆頭既要悶又得勇敢。

頭要有技巧的使用

頭要高調膨脹的利用
頭使得　我與我的心
常常產生矛盾

偶爾粗心大意的使用了他
就會以強硬的口吻訓斥
冰冷的笑容　他是不是失望了呢？
我自個兒厭惡了的頭

當那股刺刺的
形成了慢性病
止痛藥
副作用的傷害

偶爾胃也來個逆流
我只能一步一步追隨著
這可惡的病痛
就因為他　思念了
就因為他　野蠻了
只能一再的使用他
恨不了　恨不了
所有的痛苦　如影隨行的呀。

啊……
再也承受不了了
吞噬了肉體
只能發出一絲絲的呼吸聲

我的牀褥已經皺亂
放到地上時　起火也罷
丟入水中時　水乾枯掉也行
不畏懼的話　就拆卸拿走吧
看見的　聽到的　說出的
那張臉上的耳、眼、口們
一起跟著走吧
不帶那顆頭
我那顆光禿禿的心
慢慢的行駛著
撲通撲通的　想要繼續的活下去呢。

二〇〇八年二月二十七日

1　譯註：「紅腦黑腦」（ဦးနှောက်နီဦးနှောက်နက်）用來形容詭計多端，心術不正。

2　譯註：合法居住在緬甸而具有投票權的人口數量，實際居住人口數則多達約六千多萬。

3　譯註：「不守戒 肚子不飽」來自緬甸諺語「填飽肚子後才能守戒」（အူမတောင့်မှသီလစောင့်နိုင်မယ်），指人們在豐衣食足後才能追求高尚的道德品格。（「အူမ」為結腸的意思，「အူမတောင့်」則為結腸硬，意指吃飽）。

4　譯註：這裏的肚子指腸胃。

5　譯註：出自緬甸傳統緬曆新年的來由。神界的領導神明與次一級的神明（သိကြားမင်း Sakra 與 ဗြဟ္မာမင်း Brahma）爭論凡間的一週是七日還是原本的八日，兩尊神明僵持不下後，到一位得道高僧前打賭，輸者願把自己的頭摘下。兩尊神明到凡間一查，發現一週只有七天，賭輸的 ဗြဟ္မာမင်း 以誓言將自己的頭顱取下，可是祂的頭顱著地七大洲時起火七天將全部燒毀，放到水中七大洋將立刻乾枯。為了避免凡間發生如此的災難သိကြားမင်း命令四位仙女（另一說法為七位）一年換一位輪流捧住這顆頭顱，每當仙女們換手時就形成凡間的新年。

界線

清晰聽到
沙沙的腳步聲時
心裏悲傷又歡喜
那焦慮不安的多少個傍晚……。

一邊盪鞦韆
一邊在這條路上等待著
夜茉莉紛飛[1]
濛濛細雨中
那若隱若現垂掛的身影……。

長髮飄逸
隨風飄盪的薄紗披風
散發出淡淡的檀娜卡[2]香氣
繞樑的歌唱聲
柔軟的豎琴聲
那嫵媚的細長睫毛……。

陣陣黑雲翻滾
瞬間一震
嗚……那命令之音啊
如果奉上性命
切斷這條線後
靈魂將得以相聚……

不忍心拔走
這一絲純潔的魂魄
終於放手了
甘願承受詛咒的懲罰
那怕是在痛苦中循環
請不要邁向
精靈的殿堂[3]
此生永別了
留下吧……。

二〇〇八年六月十二日

1　譯註：「ဆိတ်ဖလူးပန်း」(Coral Jasmine) 長相似茉莉花，每朵花有五到八片的花瓣，花軸是鮮艷的橘色，夜間時散發出特濃的香氣，俗稱 Night-flowering Jasmine，大多生長在南亞、巴基斯坦、印度、尼泊爾和泰國。因為它在夜間散發特濃香味的特質，在民間的口傳故事裏女鬼或是精靈喜歡配戴它，它的氣味是精靈、鬼魅即將現身的象徵。

2　譯註：「သနပ်ခါး」(Thanaka) 檀娜卡也可音譯為德納卡或特納卡，為泥狀淡黃色的皮膚保養品。塗在臉部或皮膚上不只讓人感到清涼，可防曬，還會散發出淡淡的樹蘭花香味。傳統檀娜卡是以黃香楝樹皮加少許清水放在特制的石板上磨出的泥，現磨現用，不分男女老少都會把它塗在臉上，尤其女性還會用檀娜卡泥在兩邊臉頰上塗成圓形、樹葉形等各式形狀。洗澡後也會把檀娜卡泥從臉部到腳塗滿全身。現在市面上已經有販售工業製造加工過的盒裝檀娜卡泥。

3 譯註：多數的緬甸人民信奉佛教之外也信奉傳統的各種神明。有部分的佛教徒相信少數人的今生來自某個精靈界（သိုက်နန်း），這些精靈（ဥစ္စောင့်）的殿堂大多是位於偏遠的佛教聖地附近的森林。每位精靈背負不同的任務到人間，像是守護佛法、守護某些珠寶錢財或者是懲罰犯罪人士等任務。相信精靈的人們認為相貌特別艷麗的女孩們來自精靈界，她們在適婚年齡前將被召喚回去，也就是離開人間死亡。為了不要被召喚回去，必須到她們所屬的殿堂所在地做法事切斷與精靈界的緣，或者許願繼續留在人間繼續受磨難，又或是定期到所屬的精靈殿堂還願祈禱避免受到懲罰。民間偶爾會傳出一些類靈異世界的傳說，據說某個森林中將有來自精靈界的長髮飄逸的美麗女子現身，她在樹林中一邊盪鞦韆一邊唱歌等待著人世間有緣郎君的到臨。當未婚年輕男子在森林中遇到這類的情況會離奇的消失或死亡。自古以來這類的信仰也留下了一些淒涼幽美的愛情神話故事。

戰爭中所許下的誓言

遵守？
不遵守？
該相信？
不該相信？
走投無路之人們在爭論。

埋藏在沙底下的那些刀子
終有一日
勝利者的紀錄
將掩蓋過去。

二〇〇八年七月卅日

娣姐[1]

蘋果
在今日特別甜
小小跑道
在今日特別平坦
喂……你好嗎？
不曾認識　卻被笑臉迎面的打招呼
好奇的回首一看
喘　一聲　溜滑輪的小男孩跌下去了
我盡情的大聲嘲笑他
把大大的石頭
偷偷的投擲到水池中後

捂住嘴巴嘻笑逃走
趁著爸媽不留神時
捏了一下推車中
小嬰兒的臉頰
當天空飄起烏雲時還把它形容成
包拯的黑臉
捉弄嘲笑一番
一邊吹著口哨
一邊清除
早晨的灰塵
還想到了　啟先生的[2]
蘭噶迪霸一書中
亞瓦拿說的話

「娣姐　娣姐
妳的溫柔甜美文雅
我終身忘不了」
正如他所說的
一股溫柔
能改變世界的色彩
成為永不老的定理。

二〇〇八年八月十八日

1　譯註：娣妲（သီတာ）為緬甸人民喜歡用來命名女孩的名字，含意是如泉水一般溫柔能帶給人平靜安祥的感覺。此名字來自佛教的長篇寓言故事：亞瑪劇 (Rama)。此劇源自印度教的經典長篇詩歌《羅摩衍那》(*Ramayana*)。故事中的人物給後人樹立了何謂好男人、好女人的典範。其中，娣妲公主是一位守貞節，以性命來捍衛、證明自身貞操的模範女子。

2　譯註：啟先生為緬甸知名作家啟巫丑（ချစ်ဦးညို）。他的書《蘭噶迪霸情人》(လင်္ကာဒီပချစ်သူ [Linga Di Ba Chit Thu]) 改編自亞瑪劇。啟先生是一位作者兼編劇，同時也是一位歷史學家，他用不同的角度詮譯了原著中的反派人物亞瓦拿（ရာဝဏ）又稱 ဒသဂီရိ（亞瓦拿愛上不該愛的娣妲公主）。因為啟先生的文采讓他的版本大受歡迎之外，他的描述也讓亞瓦拿得到了平反。因此也引來緬甸文學界前輩們的抨擊，批評他的敘述違背了傳統佛教的教義。

我買了之後尚未吃的一片麵包之傲慢

塑料袋裏
剩餘的一片麵包
期限過了沒有？
一遍又一遍的
仔細查看便能知曉。

嘿……它竟然說
不用考慮，就直接嚼了吧。
那柔軟的觸感以及
嫩白細緻的身體
它毫不吝嗇地誘展出來

大詩人奧瑪珈音
挖空心思夢寐以求的
也不過就是一杯紅酒
配一片麵包而已　呀。

它說：曾經在法國
為了有麵包可吃
羣體高呼時
連那愚笨的皇后
也曾說出歷史名言
「為何不吃蛋糕」。

還說：目前自己的故鄉也是
因為納吉斯而那個了的人們之間[1]
如果有一小片的麵包
不也就可以依靠了嗎？
（實際上
洋式的飲食
咱們　村民們
遠不如重視魚和青蛙那般重視它
這個狂妄的傢伙又怎麼會曉得呢？）

長舌的麵包
又將為了生產它
曾經是小麥田及

收割時的情景
念念不忘地相思地
傾訴著給我聽。

唷……
因為我買了才來到我屋裏的
扭曲乾癟的麵包
卻不為自身的保存期感到羞愧
而挑撥施主，分量不足之下
還想以炫耀的口吻
說服他人。

於是

我把它撕成碎片
用雞蛋和牛奶攪拌
將憤怒　一吸一呼之間
給它烤成了布丁。

二〇〇八年八月十九日

1　譯註：納吉斯是指納吉斯颶風 (Cyclone Nargis)。納吉斯颶風於二〇〇八年五月登陸緬甸伊拉瓦底三角洲，造成約十三萬八千人死亡，不只是靠近出海口的地區災情慘重，仰光市的災情也不小。納吉斯風災為緬甸史上最慘重的天然災害。雖然世界各國的救災物資運往緬甸，但軍政府不只拒絕國際的救援，加以阻攔國際救災組織進入災區救助災民。當全國人民為了災情哀傷之際，軍政府卻在六月時提出修憲，修定了「二〇〇八國家憲法」，這部憲法不僅箝制國家民主發展更阻止翁珊蘇姬成為國家總統，並保障軍方在國會擁有四分之一的義務席次。直到二〇二一年政變之前，這部憲法依舊讓軍方有權力左右緬甸的民主發展及讓民選政府的執政權受到限制。因為當時軍政府一度不承認該風災造成的巨大損害，且禁止外界至當地進行援助，所以當時風災話題幾乎成了一個不可言說的禁忌。

口占詩

忘掉電腦
忘掉鍵盤
忘掉筆和紙張
將你曾想要彈奏的那把吉他的
甜美音符啃咬吞嚥
欲往之地，所來之處
看左看右
小心翼翼地口占吟誦
看著牆壁時口占吟誦
望著天花板時口占吟誦
吃著粗糙的米飯時口占吟誦

等候著千篇一律的明天時口占吟誦
摔跤跌倒時願你記得
一覺醒來後也願你記得
如果被人發現問你：在吟誦甚麼
你可以回答：佛經
但是
千萬不要回答成〈慈經〉[1]
日久之後你的嘴唇會感到疲倦
你的夢想將會一再重複
你的聲音會冒出冷汗
你的記憶將會龜裂
你能夠仰賴的唯有你的心
當你再也無力收藏之時

將那些事情
口占傳遞給我們
口占傳遞給下一代人。

二〇〇八年十月廿日

◎註：緬甸知名部落客尼朋樂於二〇〇八年遭軍政府逮捕入獄後，在獄中沒有紙筆的情況下，乃採用口占、記誦的方式，書寫並記錄他的詩作，待親友來探視時，他們再以同樣的方式將其作品帶出監獄。此詩為紀念獄中的尼朋樂而作。

1 譯註：由於緬甸僧侶在二〇〇七年番紅花革命時，曾口誦〈慈經〉遊行以示對軍政府的抗議，所以在軍政府時期，〈慈經〉一度被視為政治不正確的敏感詞彙。

訣竅的話

你們消遙在外
他們在裏面
我們則進進出出的
就別提預先排練這回事了
知道嗎……
到處都充斥著
訣竅……
孩子們在電動遊戲安裝歐巴馬競選活動
有它的訣竅
趕上金融風暴的流行趁機成了個窮光蛋
有它的訣竅

有規律的每天爆一顆炸彈
有它的訣竅
企圖脫掉長褲改穿沙籠[1]
有它的訣竅
這年代連歌唱　「世界永不結束」[2]　也得有訣竅
精神病醫院的出院診斷證明
得先備份好
必要時得養小鬼
用神明的貢品來祭拜
俯首之後
再把手放到背部後才能放下
給你時就安靜的收下
有機會時再私下分掉

別企圖給它貼上標籤
別說是在這裏製造的
即使不是名牌也無所謂
折疊好的不要給它拆開來就好
為長遠著想
就連這樣還不夠清楚的話
把臉貼到電腦螢幕上
用耳朵專注的聽
盆音碗音　砰砰碰碰的聲音
魚膏音　鹹魚音　壓扁音　叫囂的聲音
叫賣音把狗趕走的聲音
骯髒音射擊音
孩子玩耍音跑跳的聲音

聽到……嗎
用薄薄的詩
隔開了一層
有訣竅……地。

二〇〇八年十月二十一日

1 譯註：暗指二〇一〇年軍方部分高層脫掉軍服改穿傳統緬甸沙籠，參選一場沒有對手的選舉，選贏之後搖身一變成了類民主體制下的文人政府。

2 譯註：「世界永不結束」是緬甸國歌的第一句歌詞，意思為「與地球永恆並存、永不毀滅」。

過程

還不會開車的人
只會騎腳踏車的人
曾經企圖駕駛飛機的人
然而
所有的時間全都用於步行。

其實所謂的人生
就是個超級大的夢。
把夢當成真實的同時
在天尚未亮之前
還得為自己的一席之地開墾著。

二〇〇八年十一月廿日

紙念珠

在地球毀滅之前的
某一天
你將為我製作的紙念珠
掛在頸上的那一天
色彩繽紛絢麗
大大小小參差不齊
當你把它串起時
就連豐富多彩的野花間的
蝴蝶們都會為之癡迷
在碧綠的草坪上
赤腳坐下吟誦詩歌

當夜晚接近晝光時
你哼唱著呼喚月光的曲子
星星的白影下甜蜜的微風
當烏雲密布大雨滂沱時
漫無目的地繼續尋找著音符
舉起手掌在雨滴中起舞
忽然想起低頭一看
啊
我的小紙念珠正在融化了呢
我……當然會哭泣
之後……我們再大笑吧。

二〇〇八年十一月二十三日

骨頭

骨頭是讓身體豎立起來的
固定住的框架
為了避免患上軟骨病
自幼得服用各種藥物預防

為了夏娃
亞當得犧牲了一根肋骨

骨頭呢　折到、裂了的話會痛到心坎
縫紉街培先生[1]曾經說過
每當想起就痛到骨頭裏

對那些為了肉　卻乞討骨頭者而言
只有墓園內才有老實人[2]

骨頭　也被認定為狗的糧食
對貧窮人而言
在跳樓拍賣時才膽怯地下得了手的
能得到甘味的唯一能攝取的蛋白質
對他們而言牛骨不需要對菜鍋感到不好意思[3]

對某些人而言
只因為越接近骨頭的肉越甜這一句話
吃肉時一點一點的剝到骨頭吃

接下來連骨髓也不放過
味道合口到
啃食骨頭

二〇〇八年十二月十四日

1 譯註：縫紉街培先生是十九世紀貢榜王朝末期的反殖民愛國詩人，本名吳培（ဦးဖေ），父親在縫紉街經營金銀線刺繡行。筆名冠上居住地 အချုပ်တန်းဦးဖေ，後人尊稱他為縫紉街培先生（အချုပ်တန်းဆရာဖေ）。他在英國侵略時期常常寫詩批評與嘲諷英國殖民政府，曾一度因為他犀利的批判英國殖民特首身亡的事件而引發爭議。

2 譯註：「သူရိုး」有兩種意思，一為人的骨頭，另一個意思為老實人。

「လူရိုးဆိုတာသင်္ချိုင်းကုန်းမှာပဲရှိတယ်」（只有墓園內才有老實人）是一句反諷的雙關語。

3　譯註：「ဘဲရိုးနှယ် ဟင်း အိုးမှ အားမနာ」為緬甸諺言，意思是癩蛤蟆想吃天鵝肉。

地球 2009

將 2008 年
浸入赤紅色液體中時
酸、澀、甜、刺味溢流而出
只有在這時，他們才敢發言
說：為何真理的天平端
傾斜了二十三又二分之一度呢？……
地球搖搖頭
勉為其難的　喝著
裝模作樣地拿著玻璃杯

顧左右而言他
看看……
雖然深夜比半夜還深[1]
在彩色燈火下的
這樣的夜晚卻被稱之為「新年」
當掌聲響起時
搖搖擺擺的地球
努力的控制好步伐
勉強抵達 2009 站牌之後
立刻倒下
昱日天亮之際
在快樂的新年時
還得將一杯果汁

澆在頭痛的地球上。

二〇〇九年一月二日

1 譯註：緬文中「深夜比半夜深」用來形容最糟的情勢、最壞的狀況。

神槍手

當別人舉旗遊行時
控制好蠢蠢欲動的蟲
沒有砲彈，沒有砲聲
這場戰爭靜悄悄的
得冷靜，得冷血
得精確熟練
只要有時間就得磨得晶光閃亮
得像變色龍一般有能力變色
得像木頭一般紋絲不動
不要眨眼，不要打瞌睡
不要錯過最佳時機

必要時得偽裝成屍體般軟綿綿的
被用腳踢踹、踩踏也要忍住
為了確定再次近距離射擊　那是命
有可能在等待中人生就此默默無聞地結束
可選擇的所剩無幾
例如……
前方五個敵人
手中五發子彈。

二〇〇九年二月四日

約翰　我隨著甜美的紅酒河漂泊了（二）

冬季的強風還沒有停止嗎　約翰
葉子乾淨後留下光禿禿的樹枝們在鬧鬼了呢
等待著歡笑的眼睛們也累了呢
張大了嘴　耳朵也扁平了呢
為了存活下來的輸家助攻
為了挖出被堵住的同袍們
為了留下嘰嘰喳喳的播報戰況的收音機
我們再回到戰場去吧
看那裏　在殘破的建築廢墟中
每一個行動　每一個轉角　每一個接觸
隨時都會遇到突襲

平民百姓不斷進入到標靶區
女性　孩子靠邊吧
不會太久了　約翰
明年撤軍之後
未來十年二十年之後
我們的姓名、雕像將被刻塑起來（也許）
我們是營救者　把自由帶來者（也許）
我們鞠躬盡瘁死而後已（也許　我這樣認為）
我們再回到戰場去吧　約翰
稀疏的日光下蜃景閃閃發亮
灰塵揚起的模糊
沙漠會使人迷惑
無法確定　甚麼都看不到

日間因為太亮而看不到
晚間時因為太暗而看不到
跟隨真理這一邊得付出生命成本
跟隨錯誤那一邊　也是得付出生命成本
他們用手指揮著
他們用嘴巴說著
卻直直的瞄準了我們的頭呢
我們挺胸往前推行吧
約翰呀……
依舊沒有進一步的消息呀
把我們的傷勢調成汁液
再釀成水果一般的紅酒
倒入沙漠中

接下來就忘掉一切吧
據說在需要時可以開啟
需要時無法終止的　就是戰爭了呢
那些坦克車　槍　砲
那些爆炸聲　哭嚎聲　死亡炸彈
那些被破壞的飲用水儲水槽
那些有了缺陷的水果和被摺下的食物
孩子們銳利的眼神
我們還是回到血淋淋中去吧　約翰啊……。

二〇〇九年三月一日

貳、初歸故土的有志青年

通話中訊號斷了[1]

正在通話中　講著講著　突如其來的
斷訊了　本來就不是那麼的容易
連上線的　為了接收到訊號　連上訊號
加強線路　接上線路　把線給掛上去
聽到嗎　聽到嗎　是虎嗎[2]　是貓嗎　說到一半
訊號不穩了　線訊它為了連上線
攀爬抓住後連上了　又滑下去了
又攀爬起來　嘟嘟的往底層掉下
又往上浮　線路它掙扎著　如果有人
給它接上去的話就簡單多了　線路它
在浪中載浮載沉的　線路沉下去時

再以竹竿戳它一下吧[3]　線路它疲倦了
聲音模糊　帶著哭音　嗓音
雙唇發抖　筋骨僵硬　不停的掙扎拉扯
斷斷續續的　又接上了　在那裏　扭動著
一跛一跛的　別讓線路嚇著了　要溫柔的對待線路
因為看不到有些困難　只能用猜測的去撈取線路
線路被干擾了嗎　線路脫落了嗎　另一端到底怎麼了
是故意給它放掉的嗎　還是脫落下去的呢　是睡著了
嚇醒了嗎　有人干擾了嗎
有人協助嗎？是事件？　是事故？
攸關生死的嗎？只是為了娛樂嗎？在吟詠嗎？　在捉弄嗎？
喂　喂　有聽到聲音嗎？　有看到這句子嗎？
這個字形可以嗎[4]？　講著講著　訊號又斷了。

二〇一一年二月六日至
四月十六日

1 譯註：二〇一〇年以前緬甸的手機通訊尚未普及，同年開放後通訊品質依舊不佳。網路訊號的品質更是差到外界難以想像的程度。

2 譯註：聽到的緬文「ကြား」和虎的緬文「ကျား」是形異同音字。

3 譯註：這句來自緬甸諺語「ရေနစ်တုန်း ဝါးကူထိုး」，字面意思為以竹竿戳溺水者，意同雪上加霜、落井下石。

4 譯註：因為數位字型的標準化，讓世界各國使用不同語文的人們可以透過各種翻譯軟體，在網路上做即時溝通及傳遞訊息。但唯有緬甸文，因為沒有使用國際標準字型萬國碼 (Unicode)，使得緬甸文數位字型無法正確的顯示在所有的電子裝置上，翻譯軟體更無法正確判讀緬文。直到二〇一九年十月一日，政府宣佈數位字型標準化，呼籲人民在電子裝置上統一使用萬國碼的聯邦字型 (Pyidaungsu Font) 及輸入法。

狩獵

周圍不見日影
森森蔭蔭　蔥蔥鬱鬱
斑斑點點的　樹葉之上
血滴們　顫慄著
森林　疲倦地　呼吸急促

殘忍是　為了生存的
一碗　佳餚
那裏是　故事的
驚豔

爆炸聲　轟響了　整座森林
在哪裏？
嚇跑的一枚腳印
跪坐下來時　向遠方遙望了過去
對準了目標
無意中。

二〇一一年四月七日至
二〇一三年一月二十五日

書信

寫下來了
就像把醞釀許久的橡木桶
在冬夜的慶典裏全部將它調合成汁液
歡天喜地的陳述出來了
書信內包羅萬象
一枚老舊的打火機、一支折了柄的雨傘
一隻斷了尾的老鼠、一個殘破的小豬撲滿
一些陳年的舊情書和燒焦的經典書籍
一枝圓珠筆（墨水已罄）、一間窄窄的房間
一個行李箱，一隻駱駝
還有……錯置了一生的

希望……希望……嗯……無數的希望
在我的書信裏
少了思念、噓寒問暖之語
所謂「思念」那只是人們創造出來的一種錯覺，誤以為是疾病
我不曾知道該如何啟動一部汽車
我不曾愛惜過一隻氣喘的貓
我曾經無憐憫心地由路邊的那些乞丐前穿過
這些全都寫進了我的書信裏
我將自己所剩餘的力量全部給它燃燒了進去
丟失了地址的書信
將成為一封瓶中信，隨著海洋漂流而去。

二〇一一年五月二十五日

一條普通的線

一位婦女首先看到後驚聲尖叫
人漸漸變多之時　早已極度冰冷僵硬
過了一會兒警察到來，周圍拉起了封鎖線
搜取指紋、詢問附近人士，開始進行偵查
一張模糊的身份證和一些關於他的蛛絲馬跡
一些鈔票　一點零錢　幾張信用卡
完好地在原地
穿著日常上班的服裝，沒有一點皺褶
沒有露出曾受過劇烈痛苦的模樣，沒有一絲血跡
一支塑膠袋裏　啃食了一半的漢堡
這就是他最後吃過的晚餐

他在社羣網站／網路上（如果有的話）是否活躍過？
他對親人是否有過感情、眷戀過？
他和同事們是否相處融洽？
他最後有沒有唱過一首歌？
他最後前往的地方是哪裏？
他最後給誰打了電話？
他最後登入的電子信箱是哪一個帳號？
他最後傳訊息聊天的對象是誰？
他最後有沒有和某人說過「最後」呢？
他為甚麼不使用一條繩索？
他為甚麼不走進某個水池中？
他為甚麼不考慮某棟高樓大廈？
他有著購買大量安眠藥的困境嗎？

他不曾擁有一支合法的手槍嗎？
不久之後路燈亮起了，人羣散去了
坊間留下了足以探討七天[1]的話題
車頂上轉動的警示燈　嗚笛聲　嘈雜的警車
運載著一具紋絲不動的，沒有生命的軀體的
一輛救護車，從視線中漸……漸……遠……去……。

二〇一一年八月二十三日至
八月二十七日

1　譯註：緬甸有一句諺語「誇讚七日，批評七日」（ချီးမွမ်းခုနစ်ရက် ကဲ့ရဲ့ခုနစ်ရက်），意謂大眾對任何八卦、事物的興趣最多只能維持七日。

混凝土首都

每小時六十英里不足的速度下，為了不讓自己打瞌睡
或是為了讓自己不打瞌睡，遵守著警示標語
打包好珍惜的生命
無論為何停車，請靠邊停[1]
想要趕路者應該因循老路而行　在旅程終點
所見之物皆是「哇！」「啊！」不對的世界？還是不對的星球？
閃爍著紫藍色的螢光燈泡，奇特的彩色塑膠花卉
簇擁著圓環的　荷花　睡蓮　蓮花們正在綻放[2]
塗滿水泥　泥漿[3]的象徵性建築
那些長長的街道　整整齊齊的、方方正正的、高貴典雅的
巴利結晶體　那些小鎮　宮庭式落成的　豪宅等[4]

文風不動，遠離嘈雜的人聲　寂靜安寧地　樹立於斯地
除了身心一致地　移動著的人們以外
萬物齊備　完美到令人為之恭順臣服到五體投地
在深夜　月出之際　雕像們會不會活起來？
市民們　沸騰喧嘩　歡樂熱鬧地
交易買賣　凌晨天亮時　一個接一個地
又消失無影的　像神話中一樣呢？
瘋狂可怕的幻想激起了　未來　千年以後
是否會像外國旅客們在蒲甘古城驚嘆
信奉三藏經，並命人廣建佛塔廟宇的
偉大宏法施主阿努律陀大王之
威望、福報與智慧之光明那般
也會以記錄、記載、記性

以無盡的　無限的數字計算這個都市
並為此忙碌一番嗎？
甚至怯怯地起了妄想
在全世界最寬廣的道路盡頭的各大議會
整整七天，二十四小時燈火通明
進行值得稱頌的會議。真實存在　又可以觸碰
具體的　外形上　有精確的　厚度　寬度
具備著　稠密、粗糙、結實、堅硬穩定、厚重鞏固
等各種榮耀特性的混凝土首都。

二〇一一年十二月七日至
十二月八日

1 譯註：此為緬甸高速公路上常見的警示標語。

2 譯註：緬甸首都奈比都的部分主要幹道以圓環輔助紅綠燈，圓環多以蓮花雕塑為裝飾。曾經受英國殖民過的東南亞國家大多依舊沿用英式道路交通規則，路線複雜的十字路口以圓環代替紅綠燈做路線區分車輛分流。

3 譯註：緬文中的「泥漿」（ဘိလပ်မြေ）與「汽水」（ဘိလပ်ရည်）在緬文裏兩個名詞的前兩個字是一樣的，其拼法與發音相近。因為資訊不夠透明，作者依據當時的傳言誤認為奈比都開發案的得標者為某財團，該財團製造銷售的「汽水」在國內的市佔率在國產汽水中排名第一，故用了「汽水」一詞。

4 譯註：奈比都之街道及市區，都以巴利文進行命名，建築風貌及大樓的支柱及外牆上充滿了古代佛教文明的水泥雕刻。緬甸語大多沿用自巴利文。

5 譯註：緬甸民間傳說中有一類精靈的生活方式與人無異，喜歡羣居的介（ဒြင်）精靈，只在夜晚時活動，天亮時即消失。

◎譯者補充說明：

在二〇〇五年軍政府由仰光遷都奈比都，並在新首都大興土木，因為國內無力生產品質合格的建材，雄偉豪華的建築所用的建材全得仰賴進口。遷都初期只有中央政府單位進駐，奈比都的居民大多為政府機關的公務員，相較其他地區當時的奈比都讓人感覺人煙稀少。奈比都內寬闊平坦的道路、壯觀豪華的建築，充足的電力供應與多數緬甸人民們生活在民生電力短缺、破舊擁擠的環境做對比，宛如兩個不同的平行世界。

在沒有子彈之地

最多兩指寬，彎彎的角落外除了突出去的那丁點之地，周圍都曾經瀰漫著硝煙。在壞時代　壞時局下，在這風裏這雨裏，曾經發過誓，曾經把刀藏起，曾經有過疲倦，曾經渡過血溪，曾經蒸發了多少汗水，Mi Aye[1]曾經為同一件事多次受辱。敗壞浪蕩、愚昧蠢鈍、投機謀利、濫用職權、冷酷無情，把趣味與情慾之間薄薄的界線　為滿足慾望　切割消滅，唯有那小塊地，被遺忘、被遺留，獲得了和平，得到了豁免。無論是當作古代的遺跡，或是做為世世代代　應以珍視的稀有例證，應以珍藏保護。四周圍挖護城河，應飼養摩伽羅[2]、烏龜、鱷魚等；應用電圍網圍住周圍；應該讓持著已上膛槍枝的突擊隊士兵和敢死隊，晝夜不停地加以保護；應該在必要時進行修法，允許用先進的維安設備，以直升機、汽車、潛水艇、雷達電波等，應由水面、地面、高空，從地底等處，嚴格進行監視。為了抵抗防衛將來的攻擊和突襲，應將所有的大小武器，大砲、炸彈、刀子、長槍、倒鉤箭等等，全部安裝好、準備好。不過，地雷、生化武器、人肉盾牌、暗器、毒藥與捅背部的刀等等，在任何時期　切勿使用。

二〇一二年二月二十三日至
二月二十九日

1 譯註：Mi Aye（မိအေး），緬文中原本是一位小女孩的名字，但多數用以形容過度單純，有點傻，容易被人利用、欺負的人。有時也會當作佣人的代名詞，如瑪麗亞一詞。

2 譯註：「摩伽羅」乃印度神話中的海獸，形似鱷魚。

我們的棗子[1]（組裝於中國）

一顆不剝皮就直接咬食（依照原貌）
一顆切塊後放置盤中
（盤子內的真理）
一顆在冰箱中冰冷寂靜（被儲存）
一顆於昨天之前　分解搗碎（被打成汁飲用）
一顆放點酸的釀成紅酒
（時間的價值被計算中）
一顆腐壞了（狀態失準錯誤者）
這一顆則是在第三世界（等待被聯繫呢）
Loading…
Loading…

手指彈一次就呈現出一個新的版本吧
開啟人類歷史的一條蛇之棗子！
（蛇類的歷史又以何種果子開啟呢？）
你是我眼睛的棗子
請幫我吐出我喉結中的棗子吧
請勿挑撥我的棗子車
正在清洗打翻的棗子時滑跤到一攤水中
（遇見另一攤水時又得再清洗一次）[2]
以棗子替換人類的腎臟
以棗子交換了處女之身
唉呀……請賜予一場　不得不的棗子大雨吧！
在盼望中它掉落了（正中你的囟門）
熟棗黃燦燦之際，嫩棗不斷殞落[3]

在矽谷間　絕了種的　可憐的枣子
以百分之七十二的速率前往東方了
唉呀……在鮮紅色背景中盛開著一顆白色枣子的
旗幟。

二〇一二年四月二十八日至
五月十四日

◎註：枣子等同棗子（依據國際電腦漢字及異體字知識庫）

1　譯註：棗子意指商機。

2　譯註：緬文中有「遇見每攤水都要洗腳」（အိုင်တွေ့ ဆိုင်းခြေဆေး）的說法，比喻男人四處留情。

3　譯註：此句化用了一句緬甸成語 အမှည့်တဝင်းဝင်း အကင်းတကြွေကြွေ，意指當老年人還老當益壯之時，年輕人卻一一殞落。

我的腦子不容清洗

若想碰觸　先把手清洗乾淨
我的腦子已夠沾汙
左右兩翼　顯著地　沾污的腦子
我的那些金屬顏色　可能會脫落　請不要把水潑過來
真正的純手工　以特大水彩筆　特地塗刷好的
我不能在一台機器內一直旋轉
我會將那些企圖揉碎我的手　抓過來吃掉，請小心
我對洗衣粉是過敏的
使腦膜變薄的　那類的透明度　我不需要
別想用鏡面清潔噴霧　噴我
水沫水霧們　會在我的大腦迴路間　撒上芝麻[1]

侵透到我骨子裏的那些氣味也無法清洗漂白
魚膏味、鹹魚味、榴槤味、臭荊棘菜味[2]、社交學味
賣油女　擦手抹布　漂浮於水面上的氣味
用天然工法計算提煉而來的有機化合物味
「前進」、「管理」、「維修」層層面面之間
腐敗了的餿味
我的腦子不耐操，不防水
由底層向上大步攀爬上來
是燃料尚未用完的，絕不允許回頭的腦子
是尚未受洗過的腦子
是譜寫著相思曲、堆積著檳榔垢的腦子
電線層層的繞著，有些短路
多條電路　會產生觸電

左翼的腦子從懸崖的邊緣呼叫右翼的腦子
當我的聲音　返回到我這裏時，避免滑落懸崖
我需要換檔調整承受回音的勇氣
我的腦子可以用柴油和汽油來驅動
也可以用天然氣和電力混合驅動
曾經用煤炭冒出滾滾濃煙驅使過的腦子
我的腦子不耐風，別用吸塵器摩擦
在遙望明天以及一百個由旬相距的未來主義的位置[3]
細菌　生存滋長的　烏托邦區
我的腦子曾到中部區域尋找真理
曾經學會在獅王們面前　蹲著坐下[4]
當時　與剃光我的頭、挖開我的囟門
撒上胡椒　舀出來吃的劫難擦肩而過

我腦袋　固體裏　沒有倉庫
庫存還剩多少　每月得　稱量一次
智商　漸漸的下降　一點一滴的
容易受傷，不耐碰觸，黏糊糊的
紅一格　白一格　粉一格
我的界線會變得混亂，別來攪和
社會經濟、人民發展、腳掌和翅膀之間的角力
某個生產業的物質價值
我消化不了的多少算計
我的堅硬會變得軟弱　別來除我的垢
看了，碰了，讀了，記了
仿了，做了，拆了，裝了
抓住了，連結了，丟棄了，散布了

我朝人體九竅的總部前進
將會從十六方橫掃的機械和手
把毒箭也放進去一起吹奏的巫巫茲拉[5]
瞄準額頭的　坦克火箭之姿勢
印著卍字符號的獵犬的鼻尖
等待啃食「我」這個屍體而飛翔盤旋在頭頂的一隻老鷹
用一個溢出空白的杯子
將我所有的沾污、我的色彩、我的氣味
不顫慄地、不潑灑地　搬運著
在七重金山之間我的腦子列車正在奔馳。[6]

二〇一二年五月十一日至
五月十二日

1 譯註：緬甸傳統甜點糕餅上都會撒上芝麻，「撒芝麻」（နှမ်းဖြူး）在緬文之中，又有擷取他人成果、做表面功夫之寓意。

2 譯註：臭莿棘菜為字譯，「ဆူးပုတ်」(conima leaves) 有股臭味，緬甸人喜歡拿來料理成各式菜餚。

3 譯註：「由旬」為巴利語 yojana 音譯，古印度長度單位（一隻公牛走一天的距離），漢傳佛教一般認為一由旬等於大約七英里，即十一點二公里。

4 譯註：緬甸民間有一則描述一隻青蛙因為曾在獅子前學其蹲坐，便自以為是獅子的故事，此句化用了這個典故。

5 譯註：「巫巫茲拉」又被稱作南非大喇叭，是源於非洲的一種長喇叭。

6 譯註：七重金山乃佛經中環繞於須彌山的七座山脈，多為聖賢鬼神所住。

一顆酸葡萄（母）的備註

我的一切拒絕完全沒有根據
沒受過教育一般　腦袋空空　無實質意義的
憑著伶牙利齒　一籌莫展　事事挑剔
偶爾（可視為）是我的成就的
（似乎）有所成效的那些事情
（我認為）我被肯定的那些獎杯
那些　全是巧合，如同瞎貓碰到了死耗子
又或者是評論者們　自個兒的想法
單方面的　高估了一般
曾經　你或許也有過　錯覺誤解
如今，將你的那些悔意　往我的破包裹　垃圾桶裏

如此　塞了進去
你　輕輕鬆鬆地　獲得安慰了吧
我　僅憑著感覺　盲目闖入叢林的　愚笨的大象
單憑任性　建構成的　空洞沒有內涵
是個自私、自我中心、短視之徒
無誠信、奸詐欺騙、充滿詭計 惡毒
在暗黑的地獄中
我不知何謂同情心，不在乎所謂的生活環境
政治、經濟和社會組織相關的議題
缺乏國內國際常識之徒
未來是不可能的，帶著差勁的淺見
覺得瘋狂作對　粗魯野蠻　是有趣之徒
事事以自我為中心　冥頑不靈

主觀的　狹隘的下定論
甚至我所述說的這一切　我自己弄不清楚
模模糊糊　不懂裝懂　自以為是的
沒有一件事是值得期待的
如果　把不符合我智商的　那些厚厚書本
以滿滿的善意　硬要放到我的手裏
那只能用來當成柴火焚燒
我將傻傻地這麼認為
我不會吸取教訓
一再地辜負別人的善意　一個魯莽之徒
心胸狹小，容易受傷
在竹筒內照耀的殘月[1]
你卻是最自由的人類，你是完成任務之人

你是真理，你是公平之人
你才是優秀的人　高尚文明的人
無人能攀比　高貴無價，無人匹配，是世界奇蹟
所以對於我的一切輕浮行徑
失望　搖頭　擺頭
驚訝地嘲諷、批評、指責，抱怨到最終吧。

二〇一二年七月三日

1　譯註：「竹筒裏發著光的殘月」（ဝါးပိုးခေါင်းထဲမှာ ထိန်သာနေတဲ့ လခြမ်းပိုင်း）與中文「山中無老虎，猴子稱霸王」意思相近。

多少愚昧

曾以為白人都是英國人
曾以為小白人即使生長在黃人和黑人之間
長大後　自然而然地會說英語
曾以為月亮跟隨著小朋友到處走
曾以為女人和男人只需並肩而睡
就能獲得小嬰兒
曾以為小嬰兒是由母親的肚臍眼出生
曾以為臀部鼓起是因為有便便
曾以為人斷氣時　靈魂「噗」地離去
曾以為人們口中的「雨神來了」是一隻躲在樹上避雨的貓
曾以為中國的所有山谷裏

長著　千年內功的果實，以及
藏著神秘的武功秘笈
曾以為現實中真的有薩布林寧貌[1]
曾以為國外的一些國家之所以富裕，就因為他們是外國
曾以為教科書的所有內容都是真的
曾以為「gang」要讀作「game」[2]
曾以為稱「我」的只有我一個人
曾以為展示著一把手槍就一定得開槍
曾以為穿著「代崩」衣服的就是道德高尚的大人物[3]
曾以為以摸彩廣告來提升業績的某種液體
是礦泉水
曾以為新加坡的捷運若要由較大的閘門進入
得多付一點錢

曾以為所謂的聯邦體制是將把國家推下懸崖的東西
曾以為所謂的政變
是把即將掉落懸崖　差一指之距的國家
拯救上來的東西
曾以為不會對空開槍　不太可能是真的
曾以為怨恨軍政府的人不希望他們的兒子們
成為將領
曾以為所有的法官都是公正人士
曾以為
緬甸的體育即將征服世界[4]
在千禧年裏所有人都會健康
沒任何人可以在法律之上
等等　等等……

二〇一二年十月十七日至

二〇一三年八月二十三日

1 譯註：「薩布林寧貌」是緬甸著名偵探小說中的主角，相當於福爾摩斯。

2 譯註：原文此處之「gang /gaŋ/」（ဂိုဏ်း）為幫派、團體之意，發後鼻音。「game /geɪm/」（ဂိမ်း）則為遊戲之意，發唇音。

3 譯註：「代崩」（တိုက်ပုံ）為緬甸男性於正式場合穿著的傳統服飾（外套），類似於中國男性穿的對襟唐裝長袖上衣。

4 譯註：這句話引用了緬甸體育部的膨風響亮的口號：「緬甸的體育一定要征服世界」（မြန်မာ့အားကစား ကမ္ဘာကိုလွှမ်းစေရမည်။）。

◎譯者補充說明：

「不會對空開槍」是在一九八八年以前統治緬甸的獨裁者尼溫 (Nay Win) 在一九八八年對全國發表的公開演說中說出的一句話。當時的反對派及大學生為首的群眾示威抗議，要求民主改革開放。尼溫在演說中以「槍是不會對空開的，會對準人羣開槍」恐嚇羣眾。他的這句話反而激怒了更多民眾，加入抗爭。最後發生了全國人民參與的「四個八」民主運動，也就是在一九八八年的八月八日全國同一時間發起和平示威抗議。這場全國性的民主運動在政府用軍隊殘暴鎮壓，和平抗議羣眾被射殺逮捕後失敗收場。從此緬甸進入了長達近三十年的軍政府時代。尼溫的這句話深深的烙印在緬甸人民心中，它是緬甸民主改革史上的名言也是歷史上無法抹滅的傷痛。

據說新年夜裏鳥兒們在生氣（一隻豬的陳述）

其實老祖先的時代就已經開始的戲碼。就如狐狸與小綿羊故事那般，不是你的錯就是你老子的錯，這場戰爭要延續到哪一代才能停止？只不過偷走那些尚未孵出的小蛋而已，難道因為是愛子女心切？為了復仇？為了信仰？為了尊嚴？是盲目的民族主義？因為上級命令？還是被某種思想主義利用？是因為遵循民俗傳統而為？還是僅為了娛樂他人？願意犧牲自己抵死奮戰不擇手段者，他們有組織、有顧問、有律法，有各式武器和各種權力。師傅紅球仗勢自已的蠻力；心腹黃的那隻則速度凌厲、銳利；有著三隻分身 會變形的藍鳥；毫不考慮的可以將自己生的蛋犧牲成炸彈，會跳躍攻擊的是白鳥；在空中盤旋　回首用鷹勾鼻啄攻的是綠鳥；拉拉扯扯，滋潤性感之姿展翅的是雌藍鳥；看似軟弱　但會膨風的是橘色鳥；會使用起火炸彈的是黝黑的鳥；吹肥皂泡泡的是粉紅色雌鳥；接下來還有能摧毀一切的壞蛋老鷹。可憐我們得戴著鋼盔，玻璃塊圍住，豎起木條，蓋起石屋，躲進洞穴，藏身於森林，潛入水中，飛翔在空中，無論到哪裏，都被跟蹤。我們關在籠裏的俘虜全被救走了。重大節日也無法倖免：情人節、萬聖節、復活節、聖誕節、月圓節、生日、婚禮、櫻花盛開時、返校日、夏季、雨季、冬季。無時無刻地，在自己的屋裏，鬧區街道上，在度假的沙灘，在山丘上，在海洋底下，在礦坑裏，在叢林裏，在雪地裏，在沙漠裏，直到外太空。然後在國際間他們才是主角明星。安尼妹握的依芽，[1]安尼妹握乁夏，[2]安尼妹握亞美利加，[3]安尼妹握的沃。[4]年度最佳動物、亞洲最佳動物、美國最佳動物、世界最佳動物。去年一整年　到處都是他們的臉孔，氣球上、T恤上、後背包上、絨毛玩具上、鑰匙圈上、紀念品上、優兔[5]、非死不可[6]雜誌封面上，只有他們被肯定，只有他們受歡迎，只有他們展翅蹺尾。無盡的理由和藉口。一旦與我們扯上關係，他們總是需要使出暴力。今年的新年夜裏依舊攻擊著我們一整夜，種族清洗。

二〇一二年十二月二十九日至
十二月三十一日

1　譯註：Animal of the Year 之音譯。

2　譯註：Animal of Asia 之音譯。

3 譯註：Animal of America 之音譯。

4 譯註：Animal of the World 之音譯。

5 譯註：YouTube 之音譯。

6 譯註：Facebook 之音譯。

◎譯者補充說明：

緬甸寓言故事「狐狸與小綿羊」中，狐狸為了要合理化自己強食小綿羊，羅織了一些罪名給小綿羊，被小綿羊一一反駁之後狐狸還是以「若不是你犯的錯，那一定是你的老子犯的錯」為理由把小綿羊給吃了。故事告誡弱肉強食的社會中，欲加之罪何患無辭。

來到眼前的一切都是

從深邃的引力中散發出來的影像而已
眾目睽睽之下直接往下跳　「撲通」的回音不絕
岸邊樹上　懸留下來的策略則是
橡皮筋被放鬆了
想贏又或者是想輸
得將某一方的一翼折斷／剪斷才行
不擊鼓、不搖旗，黑暗就是總司令
稍微引誘一下，就誘騙到核心
往後退的腳步，向前遞出的手
垂下的頭，挺直的腰椎
不僅僅是硬度和熱度才有巨大能量

柔弱潮濕的冰冷已做好全面準備
太陽升高了，瘋子們更瘋狂了[1]
皇冠也（鑲了假鑽石的）變得恰當華麗了
當引流閘門　開啟之時
不眨眼地盯住　歷史的變遷
陽台上的一隻花瓶　將掉入　匍匐爬行的　遷移步伐中
滿意欣慰的心情　忽而是鈾礦，忽而是碎石子
上下、下上、並排、橫跨
人際關係　單靠兩隻眼睛巡視偷窺　是不行的
將制度的細節　傳達到底層　是困難的
落下碎石雨　曾被碎石　擊中的麻雀們　四肢癱軟　跳水似的穿入
將一切困難　溶成了液體
直到超越了所有的支持

在不完善的緊急會議裏（再一次）
感謝過，期待過，是的，我們都已知曉
雖然終點相同，只因為前行的方式相異
親友們　形同陌路
那些朝著反方向前進者
在十字路口　錯覺地　擁抱
遠視，近視的世界裏
只有謠言才能成為守護世界道德的真理。[2]

二〇一三年八月卅日

1 譯註：此句化用了緬甸的一句俗語「太陽越高，瘋子越瘋」

（နေ့မြင့်လေဆိုးရွင့်လေ），即中文「每況愈下」之意。

2 譯註：緬文中所謂「守護世界的原則真理」（လောကပါလတရား）是指人們對於作惡感到恥辱和害怕的羞恥心和恐懼心。

和平正跨坐在你的肩上

藉由械鬥、藉由搶奪、藉由強硬要求，就能獲得嗎？和平
為了一顆眼球，為了一顆眼球，再一顆眼球
那些眼球中　團團轉的瞳孔內的和平
每場選美比賽，每一個紀念日
各種宣傳演講會，甚至社區茶舖內的
聊天話題中　說說它　真美好啊，和平
將被　某個人帶來
杵在那　期盼著，和平
宗教的各種教義
應該會幫忙把它的形　給鑄造出來吧，和平
唯有只剩下自己的單一論述　和平才得以發展

所以把其他的論述
於黑煙之中再以濃煙薰染吧，和平
唯有燃起一場巨大的戰火　才能夠將許多
小小戰火熄滅掉是嗎，和平
與其　抵達到一個看不到的目的地
向前邁進
更加重要不是嗎，和平
為了讓所有的黑暗消失，企圖以另一個黑暗
遮蔽起來呢，和平
否決了人生，避開了軟弱
帶著強硬艱困的堅定決心，和平
從這邊過去，從那邊過去
快快的去，慢慢的去

企圖捕大象，企圖捕老虎，最後卻捕到了蛇
嘰哩呱啦各種主張　無法協調的，和平
所謂的和平就是一種主張罷了
就因為我與我的形態之間協調成功了
大聲疾呼的宣稱　形單影隻的和平
在尚未征服人性之前，狂妄自大地仰著頭
難以採摘啊，那枝……玫瑰花，和平[1]
為了獲得寧靜，將所有的耳朵
為了視野清晰，將所有的眼睛
為了不發出噪音，將所有的嘴巴
為了避免飢餓，將所有的肚子
為了停止行動，將所有的手腳
為了冷靜思緒，將所有的腦子

為了控制感受，將所有的心

對了……接下來我們該做些甚麼呢，和平？

二〇一三年九月三日

1　譯註：緬文有「每個女孩都喜歡的玫瑰花枝，難以採擷」（ပျိုတိုင်းကြိုက် နှင်းဆီခိုင်၊ ဆွတ်ဖို့မြင့်）的說法，此處顯然化用了該諺語。

芝加哥

在不合時宜的深夜裏，矖出燈火通明的市景。在一個博物館裏，拘捕了幾個世紀。在一個閃閃發光，滑稽可笑的圓球之中，塞著一些長長的建築物。在那個縱向擴展的都市裏，我變得非常渺小。「哎呀……天哪，世界真的好小啊……」一位從地球大氣層外跳下來的人士如此說過。我們很渺小，地球太渺小，甚至宇宙的存在，也只不過是一丁點而已。在我們的內部，我們自以為我們很大而已。我們的麻煩事是廁所裏的大象。每個人都把自己的範圍圈好，再往外站。大家都是局外人，每個人都往外伸出，主流被單獨地遺留住。每個人都在平凡之上，平凡及以下沒有剩下任何人。多到向外界溢出的各種事件，在橫向扁平的小小虛擬記憶裏，每日篩選 剩餘的留存。為了提升政

治信仰和心理素質，各地巡迴舉辦文學講座，帶著滿滿的愛國
主義精神行使投票，會用民族書寫國家，用種族書寫民族，再
用宗教書寫種族。雖然前日還崇拜的對象，今天卻謾罵侮辱。
儘管曾經有所懷疑，現在卻相信了，還挺願意相信。不久之
後　兩人都能及時抓住即將擦槍走火的槍枝。肯定的是，結局
裏　要在一起　還是分手離去兩種版本已經預先安排好了。我
非常的渺小時，隨處還在縱向擴展著的是芝加哥，還在縱向擴
展著的芝加哥是隨處。所以呢，我能夠瞭解，能夠瞭解。是的，
完全能夠瞭解。能夠理解，能夠理解。一點點都不值得責怪，
非常非常能夠防範保護。如果你對媽媽好，媽媽也會對你好的。

二〇一四年二月十九日

◎註：「國家該如何寫？」是貌林任老師使用過的詞彙。[1]結尾的兩個句子，摘譯自《芝加哥》電影的主題曲。

1 譯註：貌林任為緬甸當代詩人。

看不見／背著

把僵硬的掌心鬆開來看
發現了危險的氣息

用眼睛看向前方之後
嘗試用後腦勺看向背後

正逐一解開鈕扣時
拉下了帷幕

炸蝦的上面有桌罩
貓兒試圖將之推下／老鼠試圖將之咬破

轉動門把時
屋內某個人　預先到了

他挺和氣的
只是因為沒空所以外表僵硬

綠頭蒼蠅們飛走了
垃圾桶裏的死鳥已經腐臭

拔除指甲的時候
試探了一下舌底的毒藥丸

靠近耳邊　說了說之後　她微笑了
觀眾卻沒聽到

剖開胸部之後
才知道他是機器人

蜥蜴的洞穴上有小土堆[1]
在那個土堆上……

二〇一四年三月二十九日

1　譯註：緬甸有句俚語，以為是佛塔而敬拜，直到蜥蜴出現才看清那只是土堆。喻指視人不清，最終才看清真相。

快樂的故事

幼小時
快樂　曾經在竹梢上的
彎彎的弦月中尋獲過
在那搖晃擺動著的闕月上
快樂彷彿搖籃般擺盪著
快樂會熱，會冷，會感到熱，會感到冷
遇見電流時會爆炸，散發出各種顏色
遇到現實的世界時閃閃爍爍
快樂會像樟腦丸那樣逐漸變小消失
即便不像病毒也會像燭火那般
快樂會在體積不變的情況下蔓延增多

快樂如果膨脹得過於飽滿
房間裏就容不下其他的
曾試著把快樂掰成三份
一份配咖啡吃掉了
那味道記憶依稀
另一份　把它放在枕頭下入睡
快樂　其實也是一種　脆弱的東西
經太陽曬乾　放在一本書內
夾扁的那一小部分快樂
再也無法從書堆中尋回
然而快樂卻永不枯竭
隨著鬧鐘聲一再恢復意識
也就是只要還在呼吸，偶爾會從水霧、小水珠中

以液體或固體的方式再次出現
快樂　正抬頭尋找它時　也許會跌落到泥坑裏
快樂　即使不乾不淨　也可能讓人贏
比如以武器換取快樂
把快樂拿來與生物的生命價值做評量
政治演說中快樂也極為重要
成功是快樂的關鍵，或者是反饋
渴望快樂的難民們只能用舌頭舔舐戰爭
快樂就是網際網路啊，近乎完美，使人迷戀
在兩個掌心之間，在緊握的拳頭中
快樂曾因為開心過度而融化成汁液[1]
快樂會改變形態這一點無庸置疑
因為外部的影響力、推動力，快樂

越來越緊實圓潤
如同地球成形於宇宙中
邊緣逐漸圓滑形成了球狀
從高到低　小圓球滾著滾著
跳著跳著，彈著彈著
就這樣　翻滾著的　我的快樂
在幾個月大的小嬰兒前
戛然而止
他咯咯地笑著把我的快樂
用拇指和食指夾住　慢慢撿起
懸掛到那……纏繞在竹林梢上的
彎彎的弦月裏。

二〇一四年九月二十五日

1 **譯註：**緬文中表示開心、快樂的形容詞「ပျော်」，同時又可以當作動詞「融化」來使用。

射擊蝸牛的發射器

「射擊蝸牛的發射器」這個詞彙出現在一位總統的公開演說中時，我驚訝得從睡夢之中甦醒過來。我認為總統的公開演說未免太有詩意了的同時，我立即聯想到的是　這很可能是某位顧問幫他寫的，又立刻意識到這樣的想法似乎把大總統看扁了而感到內疚。大總統也可能充滿雅興的啊，也可能是大總統自己想到試著把「蝸牛」一詞與「發射器」一詞聯起來用的啊。在這個詞彙中，背後的情景極為重要。在尚未聽過這個詞彙之前，夢境中出現：緬甸女孩們以六十元還是八十元人民幣的價格被販賣到中國，以及人口走私的新聞。大總統卻在演說中說道，這些問題非常的細膩溫和，在處理這些細膩溫和的問題時，即便政府只使用射擊蝸牛的發射器，也難免受到百姓的批評指責。這樣的敘述太漂亮了，修辭用得恰當到令我目瞪口呆。[1]

如果真的有所謂的射擊蝸牛的發射器，那它可以不碰到其他東西，自動選擇擊中蝸牛嗎？或者它是以試算好的力道設計出足以傷害蝸牛的發射器？在射擊蝸牛的發射器的攻擊下蝸牛們將屍橫遍野、支離破碎嗎？如果百姓們對僅僅使用射擊蝸牛的發射器而做諸多批評指責，或許說這樣的批評太過分的說法，可能是正確的呢？　「射擊蝸牛的發射器」這個特殊新奇的詞彙有可能是用來轉移百姓們的焦點？對於射擊蝸牛的發射器這句話，該如何想像下去，我思索　但是我不會跟隨著射擊蝸牛的發射器走下去，嘗試把這句話的字母轉換成某個生辰數字，[2]又或者用已經記不清楚的數量六十還是八十元做為依據，買「兩個字彩券」試試看。[3]又或者以射擊蝸牛的發射器為標題，寫下一首詩的話，是不是該感謝大總統呢？無論如何，我把大總統扯進了夢裏，是濫用他？又或者是濫用了人口走私？　或許不論是蝸牛、還是發射器，都被濫用了？或許　詞彙、詩歌被濫用了？在射擊蝸牛的發射器的射擊之下，我　漂浮著，又驚又奇。

二〇一五年二月二十六日

1　譯註：「呆呆地張嘴」（ပါးစပ်အဟောင်းသား）在緬文中含有中文目瞪口呆、張口結舌之意。

2　譯註：緬甸人認為不同的字母，有其相對應的屬相。緬甸的屬相一共有八個，分別為週五至週二，以及週三上半日及週三下半日。

3　**譯註**：「兩個字彩券」即開獎號碼只有兩個數字的彩券，是緬甸地下賭莊常見的非法彩券。

臉書上的蛇

蛇

一羣蛇　蜿蜒的爬行到「臉書」[1]上
由所見到的、所看到的「留言」孔　湧出來
由「生活動態時報」爬行而下
常去逛的「頁面」，常「追蹤」的網紅們
全部被　蠕動著的　蛇們　取代中
「交友邀約」裏聽得到蛇發出的聲音
每按一次「讚」就彷彿踩到了一條蛇
每按一次「分享」就攪亂了整個蛇窩
在「遊戲」和「應用軟體」裏，興奮地蠕動著的只有蛇
受刺激的人們　有的驚叫　有的跳起　有的暈倒
國家也顧不了有尊嚴　沒尊嚴，無計可施

每當新聞部長發佈最新近況前夕
會被乾枯的蛇追咬　而緊張到滿頭大汗
政治、社會、宗教，不放過任何頁面
孔雀已經成了口銜食物的一條蛇[2]
蹲踞的獅子卻被聚成一團的蛇羣取代了[3]
知名性感模特兒的身軀
觀眾已經無法觀賞
被一隻金環蛇牢牢的纏繞著
任何親友都無法在此守護
數字符號本身就是首尾交纏住的三條蛇
網路詩人們還企圖用筆尖進行攻擊[4]
然而詩人協會的拳裏[5]
舉起的也是蛇的頭

仇恨語言因為蛇毒而更加狠毒
口出花言蜜語的人們也因為只有水蛇出現而煩惱不已
難了，大家都難了
臉書　是個日常生活中沒人可以　與它無關聯
臉書　是個難以跳脫　難以逃離者
大家　懸著　困在死胡同裏不是嗎？
任誰都幫不了，任何都救不了
又不是緬甸單一面臨困境
還聽說臉書老闆祖克柏
也在大蟒蛇的誘惑下　愣愣地發呆在那
嗒嗒嗒地敲著電腦鍵盤
至於國際上面臨著怎麼樣的困難、多大的困境
誰都無法準確知悉

所有的媒體版面全被蝮蛇纏腰抱住6
簡訊裏也看到分岔的舌尖
得仰賴的是發出撥浪鼓聲的傳聞7
該怎麼辦？誰來解決這些？
假如這些是好萊塢的電影
美國人一定會拯救世界
不過這裏既然是自己的地盤，當然得由自己人來當英雄
否則那些護身符該放哪裏呢？
那些求神問卜消災解厄之術，以及符籙咒語
該用去哪裏呢？……對吧？
假設看吧……由沙雷 (Sa Lay) 來了一位捕蛇師父
不知怎麼搞的
一眨眼一瞬間，服從！

所有蛇　噔、噔、噔　的
守候觀察的人們　啊！　一聲
使用者也　哇！　一下
這就是緬甸！我們的緬甸！
緬甸的英勇　世界知道！
緬甸拯救了世界！
緬甸的威力征服了世界！
完了！沒有了！全都死了！蛇類絕種了！故事就在這裏結束了
……………然而呢
不久前被悄悄停用的一個帳號裏
攜帶了一顆蛇蛋　沒有人注意到
那顆蛇蛋　也許在見不著的頁面的背後正在竊笑呢？
也可能是為臉書的　蛇之故事第二集

留下的一個伏筆呢。

二〇一五年四月九日至
五月十三日

1 譯註：全詩中加上引號的詞組，在原詩是以英文表達。為顯示區隔，翻譯時特別加入引號。

2 譯註：紅色背景上一隻攻擊式的孔雀想要銜住一顆白色大星星的圖為翁山蘇姬領導的政黨，全國民主聯盟 (National League of Democracy) 簡稱 NLD 的黨徽。

3 譯註：綠色背景上一隻蹲踞的獅子的側面圖，頭上有顆小白星為緬甸軍系政黨，聯邦鞏固與發展黨 (Union Solidarity and Development Party) 簡稱

USDP 的黨徽。

4 譯註：「筆尖」（ဘောပင်သွား）在緬文中又可指稱文采、文學作品，筆尖攻擊即口誅筆伐。

5 譯註：紅色背景上一隻拳頭握住鋼筆，拳頭上有一顆白色星星的圖為緬甸詩人協會的徽章。

6 譯註：「纏腰抱住蝮蛇」（မြွေပွေးခါးပိုက်）是緬甸諺語，意指解救了看似無害的惡毒之人，自己被反咬一口、反而被害得很慘。

7 譯註：緬文中的「ခလောက်」指撥浪鼓或是掛在牛、狗等家畜身上的大鈴璫。常用來喻指挑撥離間的人或行為。

◎譯者補充說明：

「沙雷 (Sa Lay) 來了一位捕蛇師父」，原文 စလေသို့မြွေဆရာ 借用了前聯合國秘書長 U Thant 的詩名 စလေသို့ပုလွေဆရာ；「沙雷 (Sa Lay) 來的吹笛師父」，沙雷 (Sa Lay) 為一地名，位於緬甸中部瑪奎省 (Magway) 伊拉瓦底江流域平原地區靠近仁安羌 (Yenangyaung)。該首詩翻譯自羅勃特・白朗寧 (Robert Browning) 的詩〈吹笛人〉("The Pied Piper of Hamelin")。

多少例外

空無雲　月鋪地　明明地救了
體積過大　兩度徘徊　仔仔細細地救了
說是「我被　民主偷了」
半夜過後　卻銳利的　夢囈
鬼魅們在虛假的佛經咒語之間徘徊
走霉運的「介」的荒蕪之地[1]
沙漠之花卻為了綻放　而等待中。

二〇一五年十一月十一日

1 譯註：「介」（ဈေ）精靈是緬甸傳說中一種會集體行動，喜歡幻化出村落等事物來嚇人的精靈。

參、當了十餘年的詩人之後

今夜潮水[1]

該看的　不該看的　來自四面八方
諠譁的笑聲　好像　快令人起雞皮疙瘩了
跳舞的是舞者，觀看的是觀眾
簡簡單單的　就可以把時間和工作　實際的結合在一起
雖然尚未靠岸，僅憑著隧道另一端的一絲光
航海旅程　已薄（減少）了　一字一句
可能受寒的窗口　卻要墊高腳後　伸手打開[2]
何謂快樂的價值　得用淚水衡量
我們甚至種植過稻草
有了熱的感觀　可以不用知道何謂火
當理念、想法都已淤青

壞的拿到了，骨頭跳舞了
如今　每個腳跟底下　滿滿的蜂蜜　流如泉水
在這樣的夜晚
就連被剝奪了香氣的九重葛也散發出月琴之音。

二〇一六年三月三十一日

1 譯註：「潮水」（ဒီရေ）。緬甸語中的「潮水」和「此水」寫法完全相同。

2 譯註：「腳下墊木頭伸手」（ဖိုးခြေမြင့်လှမ်း）在緬語中又有勉強自己去做能力所不及之事的含意。

一種剝法

女子一邊慢慢地剝著，一邊輕浮地打哈欠。此女子已經剝了很久。拖延著時間懶懶散散的。興奮地等待著的他，極度的想打瞌睡了。外面　撲突、撲突地行駛的拖拉機，已經通過了約十五輛。募捐的閣蓬播放的歌曲已經更換了將近十首，[1]社羣媒體上，估計也已經更新了不少特別新聞。沒得滑手機的時間已經有數小時之久，雖然有些擔心將錯過重點時事新聞，但他還是一秒都不放過地緊盯著眼前逐漸呈現出粉紅色的肉體。

剝……剝……剝……。因為這件事不像剝香蕉皮那麼容易，所以得給一些時間才行。難在女子沒有積極地全力以赴。可以原諒的。畢竟剝的是人皮，況且還是親手自願剝下自己的皮，這的確不是件容易的事。而且她是經常，是每天在剝，而且只有這一個，所以久而久之這女子也會厭煩的啊。他的獠牙更加鋒利，他的肚子更加飢餓了。他期待的時間到了。女子毫不拖延地將最後剩餘的一片肌膚刷的剝下。除了頭部和臉，已經沒有肌膚的粉紅色肉體層層中慢慢滲出血滴，他不停地用舌頭舔飲。片刻之後，沒了血液的軀體變得蒼白軟弱後倒了下去。肚子飽了的人，打了一兩次嗝後起身離去。就這樣到了某個時刻，女子的肌膚又重新再生，風乾後又再次轉為棕色，如往常一般充滿了鮮紅的血液。她再次起身、坐下，並等候著下一個為了剝皮而到來的人。從募捐閣蓬裏傳來佛陀八大勝利的曲子。[2]

二〇一七年七月二十二日至
二〇一九年四月八日

1 譯註：緬甸的路邊常有民眾或宗教團體為了募捐善款而搭建的帳蓬，帳蓬外觀多用緬甸傳統花雕立體圖形做裝飾，帳蓬中常會使用擴音器播放許多歌曲或佛經，以吸引民眾的注意。

2 譯註：緬甸南傳佛教歷史中有記載，八大惡剎魔羅、龍王、苦行僧、婆迦梵王、央掘魔羅、戰遮女、羅剎，以及象王為了阻止佛陀得道，用不同的方式干擾、羞辱佛陀，然而佛陀以先知、智慧、英勇及忍讓戰勝救渡了八大惡剎，最後佛陀得道成佛，號釋迦牟尼佛。緬甸人把這段「佛陀的八大勝利」歷史故事編成了歌曲歌頌佛陀的智慧及神力。緬甸傳統宗教儀式和各種活動中常播放這首歌曲。

對話

暫時的　輕鬆自在　將有兩種答案
往後退呀退的　就跌坐下去呢？
還是　在短暫的等待中　緊緊的咬住嘴唇
再一邊鑄造一些鋼鐵武器呢？
雖然對方為了他自己的經濟利益　暫時止步
伸出來的手上卻塗抹著劇毒
投降　凡有過一次　就很難自拔了啊，主。

進攻的銳利鋒刃又怎能傷不到自己呢？
容忍　又怎麼可能輕鬆自在呢？
百姓們　將有機會在存滿糧食的穀倉旁

高歌和平之曲，是真的嗎？
是輸、是贏，籌碼本身有著各自的詛咒
其實仁兄和救世主的
愛國之心是一樣的
只是相差在執行的方式而已不是嗎？

為了讓　懸崖兩端的
兩片心　結合起來
經濟是犧牲品，文化是犧牲品
教育呢　差點淪為性的奴役
所謂和平　沒有輸或贏，那只是贏家的說詞
與自己所認為的真理做比較時
即使粉身碎骨　背部好癢呢

有著理想是罪，沒能有理想是罪
述說是罪，沉默是罪
在真理有多個核心的年代
真擔心歷史會衝破法網留在犯罪圈啊，主。

雖然得把人性納入考量
社交和經驗會隨時發生變化
為了結束某件不喜歡的東西而做不喜歡的事
這樣的邏輯是否符合真理？
王位只不過是象徵性的詞彙而已
請相信無意為皇親國戚　謀求長長久久的誓言
僅為國家的主權、國民百姓
為了心理需求，為了糊口飯吃

所以呢…各位仁兄　會選擇哪一條路？

二〇一八年一月五日

◎註：從看過的那些歷史劇中所得到的感悟。

水的秘密

起源於頭部往下流至腳尖
自手背上的小水珠到一望無盡的海洋裏
可以消除身體所渴望的乾涸
慾望並未在舌尖就得到滿足
而是飢渴地吸吮至白紙的粗糙硬顎
濕潤的表面上只要稍微的碰點一下
就擴散出去的彈性
水　對你而言到底有何種的重要性？
水是元素還是化合物？
請說出水的六大特性
令人大為驚奇目瞪口呆

地球上蘊藏豐沛卻不可或缺
雖然降自於天上的雲卻難顯露出它的驕氣
為了讓所有人的腳感到快樂而提供濕潤
在室溫下沒有味道、沒有氣味、沒有顏色
除了自己的影子外，它的透明度容得下所有顏色
沒有氣味使得可以吸取所有香氣
沒有味道使得可以添入各種滋味
水旁邊的　井、湖堤和碼頭是如此的雄偉
河流的名稱在各種文化裏是最古老的
在粗礪的環境裏，它吸取吞噬　改進功力
在風與火的加持鼓勵下，它能夠征服駕馭大地
避免它過度陷入　控制熟練度　衡量輕重
依著它的驅動速率，憑藉著警戒心和智慧

朝嚮往的終點　改道繞行沖刷著，輕易地調整前進
在沒人發覺之前，嘩啦嘩啦地，一點一點地，連綿不斷地
水啊……水啊……它大方直率又神秘。

二〇一八年三月廿日

◎註：靈感來自水彩畫教室。

解答

如果說「有」能信得過嗎？
如果說「沒有」呢　就能快樂嗎？
如果可以用手掌　堅定的握住
「靈魂」這東西的　大約一半[1]時
將會仰仗著命運　在荊棘叢中得意起來
將會在自認為溫暖之處　燃燒飛翔起來
所謂的「心」可以像野藤蔓一般　纏繞在一起
又或是黏糊糊的　黏貼住一切所碰觸到的
為了透澈的瞭解「瞬間」的意義
為了珍惜　矯正過、補強過的「堅強」
有些人把「理解」的復刻版　彩繪得美美的

有些人把「不相等」當作毒的白葡萄酒，冒險迷戀飲用
因為太遠而無法看清　那並非因為視神經
也可以寬鬆的認定是因為太靠近的原因
真相　它龐大寬廣到　嘴唇無法容納
人生呢　即使不快樂　也會樂活地圓滿結束。

二〇一八年六月五日

1　譯註：緬甸有句諺語「別相信命運而往荊棘堆裏踩下去」（ကံယုံပြီးဆူးပုံမနင်းနဲ့），意指千萬不能過度相信自己的好運而盲目地去冒險。

能將她拉直的傻呼呼的服務員也沒有

手指噠噠地敲著　敲到桌面都凹下去
外面下著的雨是諸多藉口之一
翻閱著菜單　翻到長髮越來越長
走到馬路上，如藤蔓般捲曲著　遙望向他來之處
一直穿越到他可能行經的小道巷弄
秒針在恐嚇，老時鐘哐噹的摔破
即食肉丸已經變乾，籃子裏的各種生物
繁殖，成了母雞　成了雞蛋　成了母雞　雞蛋
向前一步又後退兩步，他是這樣的行走著
因為火車丟失了，因為汽油丟失了，因為機油丟失了，因為水丟失了
因為在穿越沙漠時跌落到古井中　困住了

大家有聽到嗎？叫聲、喊聲、隱隱的回聲、來自某個地方的聲音
她的髮絲長長了，手指甲、腳趾甲也長長了
烏鴉們「碰」的死去，圍著一羣羣蒼蠅的死老鼠們
垃圾堆旁　張嘴等候著的小孩們，雨還沒有停
各種瘟疫降臨，一些舊報紙在空中蔓延
他還沒有來，茶葉的殘渣、污垢堆積的　黝黑濕潤的
一隻杯子仍舊無助的在桌子上。

二〇一八年七月二十四日

◎註：題目由詩人欽昂埃提供。

玫瑰花瓣

愛，不愛
一瓣又一瓣
最終剩餘的
某一片花瓣上
真實，不真實
想念，不想念
豈是一摘即落之物
枝幹因懷疑而青翠
無論如何
為了撫慰那凸出的荊刺

一如既往地
再一次地給它凋落了下去。

二〇一九年二月三日

手術

纏著一圈圈金屬的活生生的長長手臂們
好像藤蔓般扭曲著鑽入身體之後
綠色的樹汁噴出，周圍附近有一些形體
穿著淺白色的長袍遮蓋著口和鼻
會不會長著獠牙？還有沒有呼吸？
是閻羅王的家族嗎？我驚慌失措
頭上頂著尖帽子的收割者　把收割工具
叮叮噹噹地在空中搖晃著走來時
沒有妥協之意者　處於無能為力之境
無救援　赤裸裸地在陌生人們前　癱躺著

大大的燈泡忽亮忽暗
劈劈啪啪的聲音穿來刺去
正在抵抗的　實際上不是固體　而是空氣　膨脹的空氣
這股膨脹的空氣從腹部一直延到肩
灰白乾枯的樹枝們一直伸展到細小樹梢盤繞
侵入到耳、鼻、舌、眼之間，深紫色　黝黑
強行竊走　睡眠女神和想像力
誰都無法知曉，哪怕成為惡夢　在某個過去　是怎麼樣的目的
怎麼樣的詛咒　怎麼樣的祝福　以及哪些嘴巴的無數傷口？
奔跑的輕盈步履聲中哐一聲甩破的是怎麼樣的瓶子？
如同娘胎裏出來的那般完整　這世間誰能保存？
牀邊沿　垂吊的兩隻腳

未著寸縷。

二〇一九年二月二十二日

該見／不該見

不認為那是一半的水　也不認為那是滿滿的水
凝視著那　准予看穿過去的　清澈玻璃面
在焦慮不安中尋找到美的真理之後
她將自己命名為平靜者
不想成為哭時珍珠笑時珠寶[1]
只好以憤怒來洗刷悲傷和幽默
對資產的罪過、髒污及廢棄物的形成給予信任之後
寂寞將會帶著諸多美好祝福
他回憶說曾經綁著紅紅的頭巾的原因
是為了掩蓋頭部被打的血跡
苦澀的荊棘、最後的樹葉間　一扇門的開啟

不確定引頸翹望者的命運會不會由上方出現。

二〇一九年六月十日

1 譯註：緬文的「哭時珍珠笑時珠寶」（ငိုရင်ပုလဲရယ်ရင်ရွှေ）用來形容女性善變、陰晴不定的個性。

那些往事

只有明白再也無法擁有比當下更快樂的事時
只好下了個結論　曾經的確快樂過
只有無法逃離鉤心鬥角、崎嶇坎坷時
彷彿又聽到　曾經在困境中的呼吸聲
提起曾經　並非想回到過往
講到「更好」　至少需要有能力定義何為「更好」
有如不知道自己已經「擁有」之前，也不曾理解過何謂「沒有」啊擁
抱著月光在夏的木榻上歇息吧
把手指頭放入老老的卡式錄音帶裏旋轉吧
一起種植黑白的未來之樹吧
每個人都有著喜歡悲劇的毛病

依舊觀看著預知劇情　無用的電影
我們當然還想繼續
我們當然還想繼續生活
我們當然還想繼續活下去
帶著有系統地犯錯的錯誤制度所遺留下來的那些笑話
鹹鹹的血液暖暖的，還在不停地反芻中。[1]

二〇一九年七月十一日

1 譯註：緬文中的「反芻」（ဝါးမြုံ့ပြန်），用來形容反復重提往事。

自我娛樂之道

為了讓自己快樂
我喜歡欺瞞拐騙
我收集了一些淚水
然後開了一間餐廳
我需要的只有一個
假如淚水有氣味，能去除味道的某種技術
品嚐過淚水嗎？
淚水的滋味會讓人迷戀
淚水有甜有鹹
將這些甜的鹽的拌入料理中
世界上我親手做的魚湯麵最棒[1]

我煮的海南雞飯是仙界美饌
我的印度香飯無以倫比
我店裏的綜合果汁甜到雲霄
我調的咖啡令人念念不忘
只有我這裏的煎蕊才能夠涼透他們的心[2]
我瞇著眼睛微笑
呵呵地偷笑
東倒西歪地狂笑
縱情地笑到流出眼淚
為了漸漸滲透進他們肚子裏的我的淚水
笑了再笑
這就是所謂的高興到熱淚盈眶吧
我的人生中沒有比這項娛樂節目更令我滿意的了

目前我的餐廳是世界級頂尖的
我的經濟財富如席捲的浪潮
日以繼夜走過無數歲月盛名代代相傳
因為我的食物大眾的人生有了樂趣
嚐過我的廚藝生命才達到圓滿、得到光明
得以渡化為龍、蛇、大鵬鳥、老虎等
長出翅膀飛翔到天上
殘疾者得到康復，死者得到重生
我體內出來的液體在眾人的舌尖上
我的滿足　果實花朵般　豐富多彩
我生活在完美的世界
啊……某些人呢　想要探究　偷窺　八卦
我知道啊……難以置信的事　當然存在著

是啊，一個人　怎麼可以　那麼的容易流淚呢？
是啊，淚水　那能有這麼多的呢？
我喜歡欺瞞哄騙　已經說過了呢
是的，實際上那些不是我的淚水
那是我的尿液。

二〇一九年八月十三日

1　譯註：魚湯麵 (Monhingha)、海南雞飯 (Chicken Rice)、印度香飯 (Biryani)、煎蕊 (Cendol) 為緬甸的國民美食。

2　譯註：煎蕊 (Cendol) 類的甜品，緬文的「ရွှေရင်အေး」依據字義亦可譯為金心涼，為東南亞地區的國民冰品甜點，以椰奶、椰肉為主要調味料，不同地區的煎蕊所加的配料有所差異，緬式煎蕊的配料中有西谷米、椰奶凍之外還會加入吐司和糯米飯。

旋風吹起

因為花粉才發癢的是嗎？
香氣的微笑凋零
真希望您見到那模糊的身形
清晰的微弱力量下
唯有他眼前的顏色
才為重要
就連記憶力已如灑滿地的散沙
綠枝斷折之處卻還有絲連
一切耕種均遭逢蟲害的這時節
紫丁香色的花兒卻綻開了。

二〇一九年十月七日

考試

從倒下的地方，我像一具殭屍爬起。往周圍一看，考試大廳正迎接著我。是白色綠色們的學校？[1]是鐵力木花盛開的學校[2]嗎？我不曾知道過考試日期？我還完全沒有唸書，我複習了錯誤的科目。我的課本不見了，我的筆記不知道被誰借走了。我怎麼會沒有全勤到校上課呢？在炎熱的陽光底下直冒冷汗的我被一條偽裝成夏日的蛇咬到太陽穴。被毒性迷惑之後我以垂涎的口牙去咬來來往往的行人們。傍晚吃的晚餐中的一粒白飯在我的腳掌黏答答的。蹲坐起來，得由吸入的空氣中尋回生命。為甚麼我們曾經向往校園？為甚麼我們曾將自己不感興趣的書本囫圇吞下？為甚麼我們對於消化自己想閱讀的書籍中的詞彙卻至今依然目光呆滯、啞口無言呢？考試從學校前方的草坪掙扎起身，用它冷冷的大手拉我的腳。我逃跑，我倒下。它便騎到我身上，用那噁心的舌頭舔舐我的唇。我懷疑它真真正正想要的到底是甚麼？是想讓我痛苦？想將我殺死？還是想羞辱我？至今它卻一而再，再而三，三不五時的。而我還在四處尋找它。每次都能找得到它，每次找到都是無比深刻。不想要卻一直來到的上癮系統表單中，我依然一次又一次的敗陣下來嗎？

二〇一九年十一月十六日

1 **譯註**：依據緬甸教育部規定，所有公立學校自幼稚園到高中，無論師生不分性別一律得穿著白色上衣和綠色紗籠，男性上衣為白襯衫，女性則是白色傳統緬式上衣。因此白色綠色可用來形容幼稚園至高中學齡及校園。

2 譯註：鐵力木花盛開的校園指大學校園，緬甸第一學府仰光大學校園內有很多鐵力木，因此鐵力木林成了仰光大學的代名詞。

冰韁繩

巨浪下　按壓再按壓下來的窒息
得迫不及待　浮上水面來呼吸自由空氣
空氣中想到過些甚麼？水面上寫下了些甚麼？
以具體可見的形式留下的所有記號
是水中　尚未結束的故事
水永遠　不會忘記，有這麼一說
過往的記憶依然在冒泡泡晃動中
在無法預見　不遠的未來時
請正確的做好眼前的一件可做之事
想要馴服不停跳躍的水馬

只有使用冰韁繩才能控制住。

二〇二〇年一月二十九日

◎註：靈感來自《冰雪奇緣2》。

情詩

大大的標題
蓋住了小小的標題
大大的燈光
遮住了小小的黑點

幼小時被強灌的
那些苦口的葯　強忍著喝下去時
是否幼稚的認為
這下 我們永遠不會死了呢？

鬼魅一般　幽靈一般

你坐在往下垂的榕樹氣生根
枝幹縫隙中
當我拿起小樹枝當做劍砍時
我們哈哈大笑著閃過來躲過去
當我們玩戰爭遊戲時
我們的大腦中不曾想到
關於榕樹根和蜥蜴蛋的事　那般
奔跑著去撿掉落的榕樹果
互相丟擲玩耍時
同樣的也不曾聽過弓弦之音

既然是人間
當然得用完善的人間特質包裝演出

想要讓花瓶變美
還得用一點綠葉來點綴
想要讓結局更加歡樂
還得加入一兩滴眼淚來調劑

那……現在，你瞭解這首詩了嗎？
嬌滴滴地蓋在那兒。

二〇二〇年二月十八日

無法避免的思念

把百貨公司裏的一顆蘋果
轉著看了又看，就在那裏，由四面八方
摘下來的成熟果子，以先進的
生物技術進行了繁殖
大腦內植入了一枚微晶片，
既然已預先瞭解該知道的是甚麼
於是這裏被締造成
學習創造的空間
由水溝旁的跑道
當做起跑，沒有任何依靠
當自由成了孤獨牽動的涵義

（又或者互相牽扯）時
裝了機械的腳們就再也無法止步
為了盡快抵達最高之處，使用了電梯
只為了近距離的向月亮傾訴
在高聳直立的摩天大廈裏
唯有撥打電話聲如雨聲震天價響
我開始邁出購物的腳步
注意力被都市河岸的燈花迷住
用信用卡買下了
整潔的辦公室中的慣習
關閉了視覺感官
唯有曾經聽過的專業且和諧的
歌曲中　陌生人的親切感

在甜美記憶裏一次又一次的重演著。

二〇二〇年五月八日

苗堆堆凱[1]

瞄準擊中的
不是頭
而是心
在文明的心上
釘上了好多苦澀的荊棘。

正義的大腦是
永生而充滿智慧的
美麗的蝴蝶在公園內飛舞。

夢想是未來的翅膀

勇氣是不可或缺的免疫力
恐懼變身成了掌舵者。

比期待還堅定的信心
春天慢慢的成熟了
彩色的花朵們使盡全力的抬起頭來了。

一眼望去那陽光下
凋零的一枚花苞背後
在苦澀的荊棘叢中
是正在受粉的花海。

二〇二一年二月十九日

1　譯註：二〇二一年二月一日緬甸軍方發起政變後的第三天，全國各個地區的人民開始上街抗議，要求還政於民並釋放民選總統和國務資政翁珊蘇姬。二月九日在奈比都的反軍事政變抗議活動中，年約十九歲的苗堆堆凱（မြသွဲ့သွဲ့ခိုင်）被警方的實彈射中頭部當場腦死，送醫急救後在十九日宣告死亡。她是二〇二一年軍事政變後第一位被殺害的抗議人士。

肆、組詩

黑咖啡

黑咖啡之一

一滴滴地評估滋味
彷彿霎那間的晨風
吹拂而過　溫暖苦澀
薄薄地香甜過的感覺
散發著白色煙霧
黑色液體的漣漪上
無意識地反覆觀看自己的容顏

與第三者無關聯
殘酷的存在與真實
震動定理的等比回應
這段關係裏沒有例外
在鼓動的浪潮中相應和諧
只要咖啡滴尚未酸腐
只要我們的笑容尚未消失。

二〇一七年十二月六日

黑咖啡之二

在鋒利的刀刃之上
一滴漆黑的黑咖啡
靜靜的等候著
渴望美味的
我舌頭的瞬間一舔

二〇一七年十二月十日

黑咖啡之三

一杯黑咖啡
喝完之後
我的舌漆黑
我的唇漆黑
我的牙齒、我的臉、我的手腳
我的軀體、我體內的臟器們
越來越漆黑
不僅黑暗而且酥脆[1]，劈里啪啦地爆裂
由碎裂的頭顱內掉下來的是
白白淨淨的腦髓碎塊。

二〇一七年十二月十一日

1 譯註：緬文中的「酥脆」（ကြွပ်ဆတ်）又有暴躁易怒之意。

黑咖啡之四

一杯下肚以後
智力的絃　紛紛彈奏起來
微微扭動　來來往往　閃爍著
奇特的深藍色夢境

兩杯下肚以後
由大腦到內心　發送信號
模模糊糊的某個東西
尋找答案中的私人空格

三杯下肚以後
微小能量的震動
連宇宙的形成也能支撐
再次尋獲的發現

然後
黑咖啡
四杯
五杯
六杯
七杯
……
……

……
……

二〇一七年十二月十二日至
十二月三十一日

黑咖啡之五

（一）
一致地被遮蔽的色澤
可溶性特質
具邀約性的感觀
源自內部的溫暖
屬於苦澀的甜蜜燃料
一閃而過的刺激

（二）
知識分子似的
我們不直接把黑咖啡
簡單地稱之為黑咖啡
拐彎抹角地講著……。

二〇一七年十二月三十一日

黑咖啡之六

往溢滿的杯子內
不能再加入任何東西的說法
純屬迷思。

往一杯黑咖啡內
每日閱讀的書一本

皺皺的白色衣服一件
高速公路上的汽車一輛
明媚夜色下的佛塔一座
沉重的背包一個。
曾經加入過。

二〇一八年一月一日

黑咖啡之七

假如
把黑咖啡的表面
用湯匙大力攪拌
出現黑色的小漣漪後
往那小黑洞中
你瞥一眼的凝視將在
來自另一端某個世界的
某個人的面前
以某種新形式
重新呈現的話……。

二〇一八年一月一日

黑咖啡之八

所謂黑咖啡
並非用來喝到滿腹
喝到反胃
而是淺嚐即止
僅僅用來輕輕觸碰
五感的末梢而已。

二〇一八年一月四日

黑咖啡之九

胃裏面有一些酸性的固體
會俘虜和偷走我們的睡意
一個不留意還會讓人反胃、嘔吐
生理所反應出來的願望
我與黑咖啡之間
不合適的界線
也就是離散點囉。

二〇一八年一月五日

黑咖啡之十

夢想是甜的
現實則可能是苦的
架設於甜和苦之間的天橋
在那座繩索橋上
神色自若地走動之時
你　已是成人了
你　可以喝黑咖啡了

二〇一八年一月五日

黑咖啡之十一

咖啡杯中伸出一隻手
我的臉、我的唇和我的喉嚨裏
感受到輕微的粗礪
當我自然而然地吞下棕黑色的溫熱液體
還沒有來得及品嚐出滋味時
再次拔出來的那一隻手
在我空洞的軀殼裏
只遺留下明顯的無意義。

二〇一九年一月六日

黑咖啡之十二

一點淚水一點鼻涕
一點唾沫一點汗液
一點血一點尿
凡是從軀體流出的液體都各取一點
調和、蒸餾加入
便成為了黑咖啡
然後在杯子裏
有兩根搶著糾纏在一起的舌。

二〇一九年一月六日

黑咖啡之十三

順著吞嚥飲食的腸道血管
吸收過的所有化合物
胃裏剩餘的所有咖啡
倒退混合凝結
循環後再次形成了咖啡豆
加熱後的反應，芳香新鮮
透過曾經摘取它們的手
再次回到母體咖啡果中佔位

將眼簾閉上以後又成為了花朵
從花朵到鮮嫩的花苞
再到尚未結苞前的幼小嫩葉
整個過程於此結束
哎呀……
坐落在涼爽翠綠的山谷間
咖啡莊園在我心田。

二〇一九年一月六日

黑咖啡之十四

無論是海濱還是瀑布
無論是山林或是高速公路
在某個旅途中感覺疲倦時
盛一杯甘甜的水
以突突的心跳聲進行悶煮
再將他的指尖或是髮尾
甚至是他的一小段身影
浸入其中之時
那便成了補充能量的
純正黑咖啡。

二〇一九年一月七日

黑咖啡之十五

無論是因為不小心
無論是因為刻意
一個杯子摔碎之後
沒有污漬，不曾灑潑
性質不改，氣味不變
杯中的形態不改變
以　無杯咖啡　的形式
神色不變地在桌面上
繼續留存的
這世間唯有黑咖啡而已。

二〇一九年一月七日

黑咖啡之十六

棕黑色的一滴該液體是
他的肌膚　他的肉
他的營養　他的天性
他的思維　他的血液
輪迴的絲線將他囚禁住
命中要害的揮之不去的咒語。

二〇一九年三月三十一日

黑咖啡之十七

從前從前
有一隻失戀的章魚
在他的每一隻長長的手腳上
各自拿著一杯黑咖啡
一邊流著黑黑的淚水
每說一句話就喝上一杯
喝完後再往杯子裏續杯
隨著時光的變遷
他的腹腔越來越大
黑咖啡越裝越滿

最後成了大西洋中的
黑海了呢。

二〇一九年一月七日

黑咖啡之十八

具有繁殖的根源
被框住的圓周內
沒有所謂的新創
沒有所謂的原創
沒有所謂的輕鬆
沒有所謂的嚴肅
沒有所謂的過氣[2]
沒有所謂的新奇
沒有所謂的感受
沒有所謂的麻木

沒有所謂的邪惡
沒有所謂的正義
沒有……
沒有……
幸虧
唯有黑咖啡
是經常有的。

二〇一九年一月十二日

2 譯註：緬文中的「尋常」（ရိုး）又有過時的意思。

黑咖啡之十九

在彎彎地仰著的
弦月下
與多年前的甜美歌謠和
竹笛的飄香
處於無驚無懼的靜夜
所以野草並不粗鋭
雲一飄　風一吹
不帶季風　不帶露水
清晰透明的窗口是花兒的舞臺
也只不過是失眠者咖啡杯裏的

一縷輕煙　一絲微笑

二〇一九年三月二十五日

黑咖啡之二十

有些用耳朵喝
有些以眼睛吞
有些直接入肚
有些則是以生殖器。

當嘴巴、食道、喉嚨和舌頭們
只為了道出一句　黑咖啡
忙忙碌碌的　奮鬥著。

二〇一九年三月二十九日

譯後記

她的詩與我的回憶

◎趙曉惠（譯者）

在一個因緣巧合下，我參與了這本詩集的翻譯，這對我而言是一次很珍貴的際遇。之前李淑曾向我提起過這位部落客起家的女詩人潘朵拉，但一直沒有機會閱讀，直到接下翻譯工作，才發現她的詩讓我越讀越喜歡，越讀越有感覺。如果要用一句話來概述潘朵拉，我覺得用「以勇氣寫作的詩人」形容她最為貼切。她的詩像一顆顆的「橄欖」，外表樸實，一口咬下帶點苦澀味，越咀嚼越甘甜，那股甜味在口中久久無法散去。她的詩能讓熟悉緬甸的讀者，掀起層層回憶的漣漪，而不熟悉緬甸的讀者能透過她的詩瞭解緬甸近三十年來的人文社會風貌。我相信潘朵拉的詩將會興起您的好奇心，想一窺究竟緬甸到底是怎樣的一個國家。

緬甸是佛塔的國度，天然資源豐沛，那裏居住著純樸善良又好布施的人民，可惜鮮少遇到好的統治者。古代有好戰的帝王們東征西討，英國殖民時期為了追求獨立，大大小小的戰爭不斷；獨立後的緬甸也因為政治路線之爭、種族之間的衝突使得戰火從未停息。尤其是居住在偏遠地區的少數民族，只能一代接一代生活於烽火之中，而居住在平原地區的人民雖免受戰火波及，卻在高壓政治下過著與世界隔絕的困苦人生。緬甸在獨立之初曾有過一段繁華的時光，但只是曇花一現。緬甸人民孤立無援地渡過半個世紀之久，直到二十一世紀才開始有機會與外界接觸。在這個國度裏公開談論政治是禁忌、評論宗教是禁忌，公開討論「性」也是禁忌。長期的高壓統治與被封閉的情況之下，整個社會被壓抑得接近窒息。在這樣的氛圍下，不同年代的知識分子和文人依然努力用他們的方式表露心聲。以前的創作者為了讓作品得以問世，同時免去不必要的麻煩，他們往往將要討論的時事議題寫得很隱晦，讓人猜不透真正的含意。事隔多年後經由作者的闡述，謎底才得以揭曉。潘朵拉卻是勇敢的把她關心的國家大事、社會發展情況等直接寫入詩中。

潘朵拉雖然敢於直抒時事，但僅限於描述事件本身，詩中幾乎看不到她個人的情感，她最多只用嘲諷的口吻或是疑問句來表達驚奇、訝異的情緒。至於要愛、要恨，該憤怒或是該高興，所有的情感則交由讀者自己去思索決定，這在〈混凝土首都〉、

〈多少愚昧〉、〈來到眼前的一切都是〉、〈和平正跨坐在你的肩上〉、〈射擊蝸牛的發射器〉等詩中都可以明顯的看出這一點。舉例來說，她在〈混凝土首都〉中多使用反諷的比喻與疑問句，在〈射擊蝸牛的發射器〉中即使採用咄咄逼人的表達方式，最終仍然沒有明白的表露她的情感。潘朵拉除了善於在詩中為讀者留下探索情緒的空間之外，她的獨特之處在於不追求華美的風格，大膽的運用負面的形容詞。她喜歡用「苦澀」這個形容詞，像是「荊棘是苦澀的」（〈該見／不該見〉），連寒冬的露水，在她的筆下也少了些寒氣，多了些苦澀（〈我搞不定的這件衣服〉）。同時她常運用一些又髒又醜的意象，像是在〈我的腦子不容清洗〉一詩中，她用魚膏、鹹魚、賣油女的擦手抹布等來形容味道。在〈約翰　我隨著甜美的紅酒河漂泊了（一）〉中也用了「賣油女子的破擦手巾」來表現廉價、隨手可得。魚膏、鹹魚等意象在〈訣竅的話〉一詩中則用來形容雜亂的聲音。

潘朵拉除了應用獨特怪異的形容詞外，她的詩告訴我們她是憑著感覺在創作，不受到任何約束和框架，從詩的風格就可以清楚的看出這一點。她在二〇一九年獲得國家文學獎接受媒體訪問時說，她是憑自己的感覺去寫詩，她只是把歷年傳承下來的寫詩風格，以現代化的方式呈現出來。潘朵拉有寫過不斷句的散文詩，例如〈射擊蝸牛的發射器〉、〈在沒有子彈之地〉等等，也有中規中矩的傳統詩如〈我的風箏〉、〈紙船〉、〈玫瑰花瓣〉等，以及敘事詩如〈這座城市裏〉、〈約翰　我隨著甜美的紅酒河漂泊了〉等。詩人雖然自稱只是把過去緬文詩的風格以現代化的方式重新呈現，然而從她的創作手法可以看到西方文學的影響，像是敘事詩(Ballad)〈這座城市裏〉、〈約翰 我隨著甜美的紅酒河漂泊了〉等，這可能與她大學主修英語系有關。

〈這座城市裏〉是一首典型出自西方文化的敘事詩，潘朵拉說她受到科立芝(Samuel Taylor Coleridge)的鉅作〈老水手之歌〉或〈古舟子吟／詠〉（"The Rime of Ancient Mariner"）(1834)的啟發而寫。由這首詩敘述的故事背景，讀者可以看到緬甸社會的局部面貌。也許有人會好奇，為何這個國度的人民可以忍受一甲子之久的高壓統治？對此，我個人認為宗教信仰和茶室文化扮演了很重要的角色。定期到佛寺拜拜或是聽高僧講經是多數緬甸人民的生活習慣，這樣的習慣讓他們不滿的情緒得到了慰藉。篤信因果報應讓不同年齡的人們養成了逆來順受的消極態度，而茶室文化則為青壯年們提供了情緒的出口。緬甸全國各地，無論是都會或是偏遠的市鎮，從大學校園到貧民窟，在每個地區的大街小巷，各式各樣的茶室隨處可見。傳統茶室主要提供印度拉茶、咖啡、印度甩餅和烤餅等。緬甸是一個低度就業的社會，無所不有、無所不在的茶室成了青壯年的好去處，三三兩兩的朋友們，每天聚在那裏喝著磚紅色的印度拉茶，談天說地消耗著漫長又無奈的日子。潘朵拉把這羣因為大環境的因素，終身找不到機會展露才華的知識分子與文化人的悲劇，借用〈老水手之歌〉的寓意娓娓道出他們的困境。除了政治，在茶室裏任何情緒都可以得到出口。同時茶室也是資訊的集散地，部分人可以在此找到機會邁向成功，也有無數的人，只能在這兒將他們的夢想築成空中樓閣，窮困潦倒渡過一生。

潘朵拉的作品中除了有像〈這座城市裏〉借鏡西方經典的

詩，也有借用緬甸歷代文豪的經典鉅作中的句子來點輟她的詩，如〈季節頌〉分別用了兩位不同年代的文豪的經典句子，「猴子的吱吱唧唧孔雀的噭嗚」出自《瑞社多踏青頌》（ရွှေစက်တော်ကြိုးလမ်းလား）由釋瑪哈剌塔撻亞（ရှင်မဟာရဋ္ဌသာရ）所寫的四字押韻的長篇詩體（ပျို့），寫作的年代為阿瓦王朝。在緬甸歷史中阿瓦王朝算是罕見的文學盛世，由於受到多位帝王的大力支持，阿瓦王朝出現了將近五十位的文豪，堪稱緬甸文學最輝煌的年代，也為後人留下好多文學作品。潘朵拉在這個句子的前面加上「沒有」二字，即「沒有猴子的吱吱唧唧和孔雀的噭嗚」，它帶出了更多的想像空間給讀者。在詩的結尾她又借用了抗日時期的政治作家仰光巴綏的名著《這風這雨這些人》（သည်လေသည်မိုးသည်လူတို့）書名的前兩句表達出知識分子們想要改善國家情勢的吶喊以及國家所面臨的種種困境。在〈娣妲〉、〈骨頭〉等詩中也可以看到同樣的手法，她巧妙的借用了經典的句子，讓詩的含意更深更廣。

潘朵拉的另一個特色是她喜歡用邏輯學式的句子和充滿哲理的對話，這樣的寫法在緬甸詩中較不常見。也因為這樣，她的詩與一般傳統詩相比，讀起來會有點拗口，不易理解詩中的意境，需仔細熟讀才能瞭解箇中含意。我在翻譯本詩集的過程中，因為要請教她一些問題，有機會與她聯絡，過程中最讓我印象深刻的是她的謙虛。她說自己的詩不是時下最紅的主流詩，我認為這是因為讀她的詩需要思考後才能進入詩的情境，也許多數的讀者還尚未習慣這類詩。而她聽到我的回覆後，則表示「可能是這樣」。

對曾經生長在緬甸的我而言，潘朵拉的詩讓我尋回好多回憶，包括一九八八年發生政變後的動盪、高壓統治下的社會氛圍、被刻意破壞的教育制度等等……。其中最能清晰勾起回憶的是〈通話中訊號斷了〉這首詩，當我讀到它時，過去我們小鎮電信局機房的畫面如一張張的舊照片，出現在我的眼前。每次踏入那機房大門時，第一眼看到的是像我一樣特地跑來打電話的鄉親們，他們坐在一長排的木椅上期待電話可以被撥通。機房內還有一個簡單的大桌子和擺放在桌上的登記電話號碼的簿子。那些並排的灰色長型金屬櫃子長得像保險櫃，比一個人還高，每個櫃子上有好多個電話線插座孔、電話線插頭、一排迷你燈泡，而數字按鈕傍還掛著一支黑色話筒以及一些我看不懂的按鈕。安靜的機房內叮叮叮的響個不停，偶爾還會聽到掛在櫃子上的話筒傳出對話聲。那些迷你燈炮隨著吋吋的聲音忽紅忽綠的閃個不停。一位戴著耳機的接線員(operator)在那裏嘴上邊喊著Hello Hello，一邊手忙腳亂的把電話線的插頭由這個孔拔出，換到另外一個孔，不行又換到另一個孔，好讓電話線的兩端連上線順利通話。

至今我依然不瞭解那位接線員到底是根據迷你燈炮的顏色，還是平時的交情來決定得先讓哪一條線接通。我只知道家裏裝一支人工撥接的電話，不只需要有足夠的財力還需要強而有力的關係。即使家中有了電話也不一定可以隨心所欲的撥打，有時因為聯接外縣市的線路不佳，撥一通電話到一百多英里以外的地區，可能得等上三、四個小時，甚至等了二十四小時也接不通。如果有重要訊息需要傳遞，往電信局跑一趟是免不了的。

當電訊局也沒有辦法通訊時，就得借用軍用衛星通訊設施，但這樣的設施也不是每個地區都有。當年緬甸的通訊狀況就是如此的艱難，國際通訊更是難上加難。因為缺乏外匯的關係，每通國際電話限時三分鐘，而且只有仰光、曼德勒等一線城市才有國際電話服務。無論是打國內跨縣市電話或是國際電話，每次撥通後在那裏 Hello… Hello… 聽到嗎？…有聽到嗎？…聽到了嗎？重複喊了多次才進入正式話題。偶爾通話中會聽到不相關的另一組人的對話；有時對方的聲音像被拉長，長到像沙啞的哭聲，而正在通話中訊號突然斷掉是常有的事。

緬甸的電話通訊到了二〇一〇年手機和網路開放後才有所改善。網路開放後隨即而來的，便是網路通訊品質及數位字型的問題。長期處在封閉狀態的緬甸，國內使用電子產品（電腦、筆電）的人口不多，在消費市場中無法構成足夠的經濟規模，因此大部分的通訊產品不支援緬甸文，就連資訊軟體的龍頭微軟和麥金塔等作業系統也不支援緬甸文。在這樣的情況下，緬語使用者非得另外安裝相關軟體才能閱讀緬甸文，若要輸入緬甸文字，還需要安裝緬甸人自行開發的鍵盤軟體。最初人們在網路上自創了一套緬甸式英語 (Myanglish)，即使用英文字母拼出緬甸語的發音，但這套用法沒有任何專業的邏輯規範，得靠約定俗成的默契來辨識，只有熟悉緬文的人們才能看得懂。後來出現了 Zawgyi 和 Myanmar Font 等字型，可惜這兩種字型互不支援，使用者在選擇安裝任一字型後，還得安裝 MM Font Converter 字型轉換軟體才能閱讀另一類型的文字。直到二〇一九年十月開始，政府宣導所有電子裝置上統一使用聯邦字型 (Pyidaungsu Font)，也就是與全球接軌的萬國碼 (Unicode) 字型。

如今雖然微軟已經支援緬甸字型，但許多廣泛使用的軟體仍然不支援緬甸文字。我相信這些在緬甸習以為常的諸多不便是當下的臺灣讀者們無法想像的吧！

當我的翻譯工作進行到一半時，緬甸傳來發生政變的噩耗，雖然軍方早已放出即將發起政變的訊號，但真正發生時我依然感到憂慮、沮喪，詩集中的幾首詩讓我感觸很深，特別是〈約翰我隨著甜美的紅酒河漂泊了（二）〉，一夕之間時空倒轉，不同時代的年輕人被迫走上同樣的老路。年輕學子們和社會菁英們為了國家的前途不惜犧牲自己的美好未來，有人投入武力抗爭的行列，有人加入地下組織，看了讓人悲憤痛心。為甚麼在二〇二一年的今天，還可以讓三十多年前的毒燎虐焰再次復闢呢？希望這把政變之火，只是緬甸走向自由的一場考驗，期待通過這場考驗之後緬甸的自由之路可以走得更加平坦順遂。就讓我們一起用這本詩集為緬甸許一個美好的未來吧！

二〇二一年六月十九日

作者簡介

◆ 潘朵拉 (Pandora)

緬甸著名女性詩人，首部個人詩集《射擊蝸牛的發射器》於二○二○年獲頒「二○一九年緬甸國家文學獎之詩歌獎」，是緬甸首獲該項榮譽的後現代主義詩人。潘朵拉長期致力於為緬甸女性詩人發聲，她主編的兩本緬甸女詩人詩選《調音》及《風聲疾疾》，是緬甸首度出版此類的詩選。緬甸最大的英文報刊《緬甸時報》(*The Myanmar Times*) 曾評選她為「二○一二年最傑出的五十位女性」之一，另一大報《伊洛瓦底》(*The Irrawaddy*) 在其英文版報紙上，也將她列為「二○二○年啟發我們的十位緬甸女性」(Ten Myanmar Women Who Inspired Us in 2020) 之一。潘朵拉的作品時常被翻譯為英文發表於國際雜誌，並曾於二〇一二年參加過愛荷華大學國際寫作坊。目前已出版兩本個人詩集：《射擊蝸牛的發射器》(2019)、《三十一種形式的集合與黑咖啡》(2019)。

譯者簡介

◆李淑

緬甸華人，曾就學於臺灣，現居緬甸，致力於緬甸文學之中譯。

◆趙曉惠

國立臺灣大學中文系、曼德勒大學英文系(Mandalay University)畢業。貿協第十三期國際貿易特訓班結業。曾任職於財團法人中央廣播電台的緬甸語譯播。

國家圖書館出版品預行編目(CIP)資料

和平正跨坐在我們的肩上 ငြိမ်းချမ်းရေးက ကျွန်ုပ်တို့ကုပ်ပိုးကို ခွစီးနေ

潘朵拉(Pandora)著；李淑、趙曉惠譯

-- 初版 -- 高雄市；國立中山大學人文研究中心，2022. 01

328 面；13.8x17.8 公分｜ISBN 978-986-06276-8-8（平裝）

1. 文學翻譯 2. 詩集

868.151 110021202